U0720873

Aveux et Anathèmes
E. M. Cioran

供词与放逐

[法]
E. M. 齐奥朗 著
赵苓岑 译

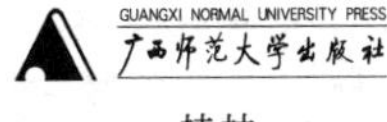

· 桂林 ·

图书在版编目（CIP）数据

供词与放逐 /（法）E. M. 齐奥朗著；赵苓岑译.-- 桂林：广西师范大学出版社，2023.8（2025.9重印）
ISBN 978-7-5598-5959-4

Ⅰ. ①供… Ⅱ. ①E… ②赵… Ⅲ. ①哲学－研究 Ⅳ. ①B0

中国国家版本馆CIP数据核字（2023）第059504号

Aveux et Anathèmes
© Éditions Gallimard, Paris, 1987
All Rights Reserved

著作权合同登记号桂图登字：20-2023-018 号

GONGCI YU FANGZHU
供词与放逐

作　　者：（法）E. M. 齐奥朗
责任编辑：彭　琳
特约编辑：夏明浩
装帧设计：山　川
内文制作：陆　靓

广西师范大学出版社出版发行
广西桂林市五里店路 9 号　邮政编码：541004
网址：www.bbtpress.com
出版人：黄轩庄
全国新华书店经销
发行热线：010-64284815
北京华联印刷有限公司印刷
开本：889mm × 1260mm　1/64
印张：3.5　字数：97千
2023年8月第1版　2025年9月第8次印刷
定价：39.80元

如发现印装质量问题，影响阅读，请与出版社发行部门联系调换。

目 CONTENTS 录

À L’ORÉE DE L’EXISTENCE

在生存之边

当基督下到地狱的时候，旧约的义人，亚伯、以诺和挪亚不信任他的教导，不听从他的呼召。他们认为他是魔鬼的使者，前来引诱他们堕入陷阱。只有该隐和他的同类遵从他的教义，或假意遵从，并且随他离开地狱——这就是马吉安[1]的主张。

在久远的当时，马吉安提出“恶之幸”，拒绝将造物主视为仁慈或者可敬的化身，还有谁比这位异端更深地固化了这种想法？还有谁如此尖锐地感知到这一想法不可被反驳？

*

作为一名二手古生物学家，我花了几个月的时间琢磨骨架。成果：寥寥几页……这一主题，确实没法长篇大论。

[1] 马吉安（Marcion，约110—160），基督教早期神学家，《新约》的第一位编辑，自立马吉安派，是第一个被教廷判为异端的派别。

*

依我看，将诗人与思想家一视同仁特别没意思。有些领域哲学家最好不要染指。把一首诗当作系统来拆解，等同于犯罪，甚至是渎神。

奇怪的现象：当人们大谈特谈诗人时，诗人听不明白反而狂喜，那些似是而非的言语讨诗人欢心，给他们一种升华的错觉。这一缺陷将诗人矮化为自身的注解人。

*

对佛教（实际上可以说整个东方世界）而言，虚无并不具有我们赋予它的那种可怕的象征意义。虚无类似于光的极限体验，或者换一种说法，近似于光的永恒缺席，闪耀的空白：这是战胜了自身所有特性的存在，或者更确切地说，一个高度积极的非存在，却应许一种非物质、非实存也无依无附的幸福。

*

当孤独占据了我，再微不足道的邀约对我而言，都无异于耶稣受难。

*

印度哲学寻求解脱：而希腊哲学，除皮浪[1]、伊壁鸠鲁[2]以及一些难以归类的哲学家外，很让人失望：希腊哲学只求……真相。

*

在人们看来，涅槃好比再也无法映照任何物体的镜子，好比永远无尘却无用的镜子。

[1] 皮浪（Pyrrhon，约前360—约前270），古希腊怀疑派哲学家，被视为怀疑论鼻祖。

[2] 伊壁鸠鲁（Épicure，约前341—前270），古希腊哲学家，其创建的伊壁鸠鲁学派发展了享乐主义。

*

基督说撒旦是“这世界的王”，圣保罗认为撒旦的地位还要再高一点，应该称之为“这世界的神”。

执掌人世的撒旦经过了如此权威的认证，我们还有什么资格示弱？

*

抛开内心深处不论，人是自由的。表面上，人做自己想做的事，到了晦暗的深层，所谓“意愿”毫无意义。

*

为了打消他人的嫉妒，我们上街得拄拐。但凡见到我们的惨样，是敌是友都会有人性一点。

*

每个时代，人们都以为自己正亲历着人间天堂的消失，这样想也不无道理。

*

说回基督。按诺斯替主义的说法，因为对“天数”[1]不满，基督上天干扰星体的运行，以防人们问星象。

这番骚乱中，我那可怜的星宿到底经历了什么？

*

康德老到不行了才觉察到存在的黑暗面，并指出“所有理性的神正论都是败笔”。

……其他人比他幸运，不用深究哲理就已经意识到了这一点。

*

都说物质嫉妒生命，想方设法地揪生命的毛病，惩罚它的主动与背叛。可是生命之所以是生命，正因为对物质不忠。

---

[1] 诺斯替主义或诺斯替教推崇天定之人有神性，借由神性可自我拯救。

*

我和我所有的感觉都没什么关系。我不明白到底怎么了。我甚至没办法知道是谁在经受这些。另外，我刚才说的我又是谁？

*

我刚浏览了一本传记。一想到书里写到的人如今只能活在书里，我特别难受，只好躺下，不然得昏厥过去。

*

您有什么权利当面把我的实际情况统统说出来？我告诉您，您剥夺了我的权利。我承认您说的一切都是真的。但我不允许您这么当面直说。（每次都怒气冲冲，羞耻伴随着一成不变的自负："至少其中有生命的活力"，随后更大的羞耻来袭。）

*

“我是个懦夫，我无力承受幸福的折磨。”

要看透一个人，真正地了解一个人，我只需要看对方如何看待济慈的这句实话。如果对方无法理解，便没有必要继续。

*

惊惧——多遗憾，这个词语竟然和那些有名的传教士一起消失了！

*

人终究是病态的动物，一言一行都有症状的价值。

*

我给某位哲学家的遗孀写信，说道：“惊闻贤才仙逝。”寄出后，我才意识到自己有多愚蠢。重写一封，意味着可能再丢一次人。说到吊唁，除了套路，其他都不合时宜或者诡异。

*

年过古稀的蒙塔古夫人[1]坦陈，十一年来她再也没有照过镜子。

古怪吗？或许吧，毕竟有的人天天盯着自己那张脸都不生厌。

*

我只说自己经历过的事：然而，此时此刻，我的大脑一片空白。对我来说，一切似乎都废除了，一切都暂停了。我试着不咀嚼生活的苦，也不尝虚荣的甜。《正法之宝》（*Le Trésor de la vraie Loi*）写道："人的一生究竟有多少瞬间让人感叹，徒劳地出生又徒劳地死去！"

---

[1] 玛丽·沃特利·蒙塔古夫人（Lady Mary Wortley Montagu，1689—1762），英国贵族，作家、诗人，晚年罹患皮肤病毁容。

*

人走得越远，皈依的东西越少。

*

消灭敌人最好的方法就是到处说他的好话。自然有人不断在他耳边重复，他便不再构成威胁：你已经杜绝了他反击……纵然他还将发起对你的攻击，但已然不具杀伤力，也不会再有后续，因为不知不觉中他将不再恨你。他输了，而且不知道自己已经输了。

*

我们知道，克洛岱尔曾盛气凌人地写道："我支持所有的朱庇特，反对所有的普罗米修斯。"

一个人即便放弃了反抗的幻想也无济于事，一股巨大的力量仍在唤醒他体内沉睡的恐怖分子。

*

辱骂一个人并不意味着埋怨：相反，骂对方就意味着承认对方一切可以想见的优点。很遗憾，被骂的人可没这么慷慨。

*

管他是谁，脱离了原罪我就没兴趣。至于我，在任何情况下，我都依赖原罪，如果没有它，必然终日惶惶不安。

*

康定斯基认为黄色是生命之色。

……现在我们明白为什么黄色毒害眼睛了。

*

当一个人必须做出重大决定时，最危险的事情莫过于征询他人意见，因为除了个别失心疯，没有人真心为我们好。

*

按斯塔尔夫人[1]的说法，发明新词是“思想贫瘠最明显的症状”。放在19世纪初，这话也算不了什么，但在今天格外正确。早在1649年，沃热拉[2]就已经颁布法令：任何人都不能发明新词，君主也不例外。

在这个问题上，哲学家比作家夸张，甚至还没思考就已经在琢磨禁令了！

*

失眠一夜远比昏睡整年获益良多。换句话说，抽烟比午睡有益。

[1] 安娜·路易丝·热尔梅娜·德·斯塔尔 – 荷尔斯泰因（Anne Louise Germaine de Staël-Holstein，1766—1817），法国小说家、散文家，因在法国推广德国浪漫派作家而闻名。

[2] 克洛德·法夫尔·德·沃热拉（Claude Favre de Vaugelas，1585—1650），萨伏依的语法学家，法兰西学院首批成员之一，为现代法语的定型做出了重要贡献。

*

斯威夫特[1]之所以抑郁，耳疾是原因之一。

我对他人的残缺如此感兴趣，是因为缺陷是相知的捷径。有时候我认为，爱慕一个人在于感受他所有的折磨。

*

今天早上听天文学家说数十亿颗恒星，我不打算梳洗了：再梳洗又有什么用呢？

*

无聊实为焦虑之一种，却是一种净化了恐惧的焦虑。当我们感到无聊时，怕的只有无聊本身而已。

---

[1] 乔纳森·斯威夫特（Jonathan Swift，1667—1745），盎格鲁－爱尔兰作家，著有《格列佛游记》。

*

经历过磨难的人俯视不必遭受此苦之人。过来人的讨厌的自负……

*

在巴黎－莫斯科展览上，看到伊利亚·列宾画中年轻的列米佐夫[1]，我震惊了。我认识列米佐夫时，他已经八十六岁，住在一间几乎空无一物的房间里，他的房东想要这处房产给自己的女儿，便想方设法地将他赶走，说这房子已成了感染源、老鼠窝。帕斯捷尔纳克眼中俄国最伟大的文体家竟沦落到这般田地。那位衰朽、悲惨的老人，与眼前画中耀眼的青春两相对比，让我失去了参观余下展览的欲望。

---

[1] 阿列克谢·米哈伊洛维奇·列米佐夫（Alexeï Mikhaïlovitch Remizov，1877—1957），俄罗斯文学“白银时代”作家，1921 年流亡柏林，后移居巴黎。他只活了八十岁，后文有误。

*

古人对成功持保留态度，不仅因为他们担心众神嫉妒，而且担心胜负扰乱内心的危险。能对这种危害如此了然，古人比我们厉害多了！

*

没办法夜夜失眠还从事一份职业：如果不是小时候父母助长我失眠，我早就自杀了。

*

圣伯夫在 1849 年写道，年轻人刚走出浪漫主义的泥沼，又和圣西门主义者一样，梦想着“工业的无限胜利”。

这一已经完全实现的梦想，让我们所有的事业，乃至希望的概念本身都失效了。

*

那些我不想要的孩子，要是他们知道他们欠我多少幸福就好了!

*

当我的牙医捣鼓我下巴的时候，我对自己说，时间是唯一可思考的主题，因为时间，我坐在这张害人的椅子上，一切咔咔作响，包括我剩下的牙齿。

*

如果我始终不信弗洛伊德，那都得怪我的父亲：他以前做了梦都会告诉我的母亲，从而毁了我所有的清晨。

*

向恶是天性使然，无须费劲获取。小孩子从一开始就在发挥他的邪恶本性，灵敏、娴熟又拧着一股狠劲!

教育得配套约束衣才算名副其实。为了大家都好，也许这项措施应该从儿童时期扩展到所有年龄段。

*

一个作家不耕耘自己的狂妄自大，反而任其低迷，只会变得不幸。很快他就会发现，变得平庸是要付出代价的。

*

我陷入了某种焦虑，难以自拔。这时，有人按门铃，我打开门。一个年长的女人站在门前，我没有想到她会来。接下来的三个小时，她用她愚蠢的言论对我狂轰滥炸，我的焦虑转变成愤怒，我得救了。

*

专制要么摧毁，要么强化个人；自由让人萎靡，把他变成行尸走肉。相比天堂，地狱才是救赎之路。

*

我有两个朋友，都是东欧某国的女演员。一人去了西方，名利双收，另一人留在当地，无名且穷困。半个世纪过后，后面这位女友出游，拜访了那位好命的同伴。“原先她比我高一头，现如今她萎缩而麻痹。”她还描述了一些细节，最后对我总结说：“我不怕死，我怕的是活着但已经死了。”

要伪装一场迟来的复仇，最好的方式莫过于冠以哲理。

*

片段，转瞬即逝的念头，你说。当涉及执念时，这种念头的准确特征就在于萦绕不去，还能够称之为转瞬即逝的念头吗？

*

我刚写了一封非常克制的短信，克制到了收信人根本不配收到它的程度。寄信前，我又增加了几句隐约透着敌意的讽喻。之后，就在我投递信件的时候，愤怒攫住了我，随之而来的是鄙视，既鄙视自己的一本正经，又鄙视自己瞎讲究。

*

皮克普斯公墓。一个年轻人和一个年长的女人。守门人解释说，这片墓地是留给那些上了断头台的人的后人的。那位女士站出来：

我们就是！

好大的口气！毕竟，她说的可能是真的。但如此挑衅的语气立马让我站到了刽子手那边。

*

在一家书店，翻开埃克哈特大师[1]的《宝训》（*Sermons*），我读到，为自己受苦难以承受，为上帝受苦则苦痛减轻，因为是上帝背负了这一重担，即便这担子与全人类的苦难一样沉重。

翻到这一页并非偶然，一个人如果始终无法接受自己背负的重量，看到这一句会很受用。

[1] 埃克哈特·冯·霍赫海姆（Eckhart von Hochheim，约1260—约1328），德国神学家、哲学家、神秘主义者，被教廷列为异端。

*

卡巴拉学说认为，上帝允许自身荣光减弱，以免天使及世人无法承受。换句话说，造物得配合着神光的减弱，造物主也授意我们走向黑暗。上帝主动地削减自己的荣光，这一假说让我们正视自身的幽暗，因为正是幽暗让我们无法承受特定的光。

*

理想的状况是自我的重复能够近似于……巴赫。

*

宏大的、超自然的凋敝：我仿佛在语言不通的另一星球开启了第二重存在，置身一个抵触语言且无法为自己创造此物的宇宙。

*

我们不栖居于国家，我们栖居于语言。这就是我们的家园，别无其他。

*

一本受精神分析启发的书中写道，年轻的亚里士多德绝对嫉妒腓力——亚历山大的父亲，而亚历山大后来成了亚里士多德的学生。读后忍不住想：一个自称有疗效的体系，以及这种推测被虚构的方式，是可疑的，因为它为了发明解释和治愈而发明了秘密。

*

任何领域，胜利的一方都有江湖骗子。

*

去医院里待五分钟，就会变成佛教徒；不再是佛教徒的也会再次皈依。

*

巴门尼德[1]。我感知不到他所称颂的存在，而且在他的领域里，我看到的是自己糟糕的一面，那一领域没有任何裂缝、任何所在让我容身。

*

车厢里，我的对面坐着一个女人，一副下流的丑态，张大嘴打鼾：一身肮脏的死人气。我该怎么办？如何忍受此情此景？我想到了斯大林。年轻的斯大林全神贯注地看着书，穿过两侧暴徒的拳打脚踢，遇袭时专注阅读，转移了注意力。受这样的先例鼓舞，我也沉浸书中，仔细到每个字都不放过，直至那怪物再也没有发出临终的气息。

*

有一天，我对一个朋友说，虽然我不再相信写作，

[1] 巴门尼德（Parménide，约前 515—前 445），古希腊哲学家，认为整个宇宙只有一个存在，并且永恒不变、不可分割。

但我还是不愿放手，工作是一种防御性的幻觉，胡乱写下一页，哪怕只一句，也让我开心得想吹口哨。

*

宗教，如今也像那些继承了宗教之恶的意识形态，沦为反幽默的十字军东征。

*

我认识的哲学家无一例外都是冲动的。

这一西方世界的污点在那些本不该受其害的人身上留下印记。

*

真正的神秘主义者的目标是无限逼近上帝而非诸神，这一过高的目标让他们无法屈尊接受多神论。

*

有人想要促成我到国外出席研讨会，因为他们显然需要我这种摇摆不定。

在这个末日的世界里，一个尽责的怀疑论者。

*

我之所在，我永远不会知道。人更不可能知道上帝之所在，这是真事，因为这一表达：栖居于自身，对于缺乏内在与外在根基的我们来说，又有何意义呢？

*

我滥用“上帝”这个词，频繁地使用它，过于频繁了。每次我触碰到极限时，需要一个词指代之后的事，我就这么说。相比“不可思议”，我更喜欢“上帝”。

*

这本书字里行间透着虔诚，书中很肯定地表示，不表态说明没有“被神圣之光照亮”。

换句话说，缺乏决断力——这种彻底的客观，反而是通向堕落的道路。

*

终于我还是在和我有着同样旨趣的人身上发现和我同样的缺陷……

*

我看这部关于衰老的作品，纯粹因为对作者的照片感兴趣。苦笑和哀求的混合，做鬼脸般的惊愕——多好的广告，多好的担保啊！

*

“这世界不是按照生命的意愿创造的”，美索不达米亚的曼达派诺斯替经文《源起》（*Ginza*）写道。

没有更好的办法缓和失望时，想一想所有的信仰。

*

多年后，过了一生，我又见到了她。“为什么哭？”一见面我就问她。“我没有哭。”她答。她确实没有哭，她是对我笑，但岁月在她脸上凿下了痕迹，笑颜没了踪影，取而代之的是苦涩，仿佛在说："年华逝去而生命延续，总有苦头要吃。"

*

活下来的人都会搞砸自己的……传记。到头来，唯一称得上完满的命运，就是支离破碎的命运。

*

只有自己的葬礼才能麻烦朋友帮忙。连这都还难说呢！

*

无聊，虽然在众人看来没有意义，却让我们瞥见了那道令祈祷成为必要的深渊。

*

"人世是最可憎的神之造物。创世后，神便弃之不顾，因为厌恶。”

不知哪位神秘的穆斯林写下了这句话，我永远不应知道这位朋友的名字。

*

没有人可以否认，垂死之人至高的权力：慷慨陈词尽是俗套，也无损声名。

*

女儿图里亚死后，西塞罗隐居乡野，每每悲伤涌来，他便给自己写信，自我安抚。真是遗憾，这些信件都已遗失，更遗憾的是，这一自我疗愈的方法竟然没有普及！确实，一旦采用了这种疗法，宗教早就破产了。

*

独属于我们的财富：那些无所事事的时光……这便是最好的自我形塑、个性强化与特立独行。

*

一位丹麦精神分析学家患有顽固的偏头痛，他接受过同行的治疗，但没有效果，后来弗洛伊德在几个月内治好了他。弗洛伊德很肯定地告诉他，他痊愈了，没有人会怀疑弗洛伊德。这个弗洛伊德的门徒，身体状况极其糟糕，但每日都能见到自己的导师，竟不由自主地转好。眼见举世公认的大师持之以恒地关心、挂碍自己的苦难，最好的药方也不过于此！任何疾苦都难逃关爱的包围。这提醒我们，教派的创始人都会拿科学的外衣包装自己，所谓的治愈无外乎信念使然，而非疗法有效。

*

“衰老是人世最难以预料之事。”去世前几年，托洛茨基这样写道。如果年轻时他就对这一真相有确切、自发的觉悟，他得沦为多么糟糕的革命者啊！

*

自嘲不大行其道，难有盛世。

*

他命该如此，凡事虎头蛇尾。如断章一般：无论他的存在本身，还是他的思维方式。碎片的人格注定了碎片的一生。

*

梦废除了时间，便废除了死亡。逝者借梦搅扰我们。昨天夜里，我梦到了我的父亲。他还是和我印象中一样，但有那么一瞬间我迟疑了。如果不是他呢？我们以罗马尼亚人的方式紧紧拥抱，但像往常一样，有所保留地、淡淡地、含蓄地，并不像一个感情外露的民族。也正因为克制而冰冷的亲吻，我知道那就是他。醒来时我心想，一个人也只能以闯入者的姿态扰人安眠，才能复活，如此一来，永恒也只能令人不安。

*

守时，“拘泥”之一种。为了准时，我可能会犯罪。

*

有时我们更愿意给异教徒更高的地位，而不是前苏格拉底哲学，但这些异教徒的作品或者被毁，或者被肢解得破碎，仅留下只言片语，神秘得如人所愿。

*

为何行好事之后都想立碑作传？几乎都是这样。

我们慷慨的义举隐含着危机：它冲昏了我们的脑袋。除非我们的慷慨正源于昏了头，那样的话慷慨也就是发发酒疯而已。

*

未来有迹可循时，我总感觉恩典来临。

*

宇宙的构造存在如此明显的缺陷，如果能识别就好了！

*

我总是很诧异，低级的情感竟如此鲜活、寻常又不容置疑。人一旦产生了低级的情感便会觉得浑身是劲，感觉又重新融入了社会，与同类为伍。

*

如果一个人轻易忘记自己被诅咒的命运，这就是诅咒。

*

批评有违逻辑：阅读不为理解别人，只为理解自己。

*

能够看清自己本来面目的人高于复活死者的人。这是一位圣人说的。世人不要试图自知，自知不无风险。但事实是，没有人有勇气自知，圣人多虑了。

*

仿效朱庇特易，仿效老子难。

*

赶潮流的人精神易动摇，没有自我的追求，没有执念，不会走入无尽的死胡同。

*

一位高尚的牧师嘲笑原罪。“原罪是你们的口粮，缺了原罪，你们就会饿死，世上便没有牧师存在的必要。如果创世之初人类并没有堕落，又何须基督？要拯救谁，又为何拯救？”面对我的反驳，他唯一的回应是一抹傲慢的微笑。

一个宗教，如果只剩反对者在竭力维护其完整性，便也僵死了。

*

德国人竟然把帕斯卡和海德格尔的书放在同一个袋子里而不觉得可笑。帕斯卡和海德格尔之间隔着一道深渊，Schicksal 和 Beruf，一个是命运，一个是职业。

*

交谈中突然的沉默刹那间触及了核心：沉默揭示了言语的发明需要多大的代价。

*

人和人之间唯一的共同点：人！

*

感觉快要消失的时候，才会屈尊成为思想。

*

信仰上帝，便无须信仰别的一切——多么不可比拟的优势。我总是羡慕信仰上帝的人，即便对我来说，自以为上帝比信仰上帝愉快。

*

一个词，经过解剖，不再指向任何意义，毫无意义。就像一具身体，尸检后连尸体都不算。

*

每一个欲望都会激发我内心对欲望的反抗，所以不管我做了什么，重要的都是我没有做什么。

*

Sarvam anityam：万有无常。（佛陀）

一天中时时刻刻都该默念这句话，即便冒着累垮的风险，但仍然妙极了。

*

怎样的渴求打乱了我的一呼一吸。

*

失眠与改变语言。两种不同的考验，前者不由自己做主，后者则是自主选择。独自一人，与夜晚和词语面对面吧。

*

身体好并不是真实的。身体好的人什么都有，就是没有存在，因为只有身体不好，人才感受到存在。

*

在所有的先贤中，伊壁鸠鲁最懂如何鄙视大众。赞美伊壁鸠鲁又多了一个原因。怎么能把第欧根尼这样的小丑供上神坛呢！我应该在伊壁鸠鲁的花园里徜徉，而不是在第欧根尼的广场上流连，更不可能钻进他的木桶里……

（然而伊壁鸠鲁让我失望也不是一次两次了。泰奥格尼斯宣称，人最好不要出生，即便出生了也该早早踏入冥王哈迪斯之门——伊壁鸠鲁不是因此就说泰奥格尼斯愚蠢吗？）

*

年轻的托克维尔写道：“如果让我为人类的痛苦分级，我将如此排序：疾病、死亡、怀疑。”将怀疑看作灾难,这样的观点我永远无法苟同。但我能够理解,似乎我也这样说过——上辈子吧。

*

有一天，不知怎的我冲动地说：“如果人人像我，那便是世界末日。”

*

刚踏出家门，我感叹：“眼前是对地狱多么完美的模仿！”

*

普罗提诺的学生亚米流希望导师出席一场宗教仪式，普罗提诺回答说：“应该让诸神来见我，而不是我寻他们。”

基督教世界里，能在谁身上发现这种骄傲的品质？

*

我们必须让他谈论一切，并试图抽出那些从他口中逃出的闪光的词语。那是一种不具备意义的言语爆发，配合着表演式的、带点疯狂的圣人手势。要达到他的水平，就必须像他一样滔滔不绝，说出崇高而不连贯的句子。充满激情的幽灵间死后的会面。

*

在圣塞沃兰，听着管风琴演奏《赋格的艺术》，我不断对自己说：“这就是对我所有诅咒的反驳。”

FRACTURES

断裂

当我们已经在错误与幻想的循环中做出些什么，又从中走出来时，采取立场几乎是不可能的。最低限度的笨拙对所有事情来说都是必要的，对于断言，甚至对于否认，都是如此。

*

想要窥见本质，任何职业都不能从事。要终日躺平，呻吟……

*

无论是什么让我与世界产生分歧，对我而言都不可或缺。我所知很少来自经验。我的失望总是先于我来临。

*

知道自己所做的一切都没有真实的根基，做不做都是一回事，有不可否认的愉悦。事实是，在日常行为中，我们向虚无妥协，也就是说，我们间歇地，有时同时地认为，世界是真实的和不真实的。我们将纯粹的真理与肮脏的真理混同。而这样的混合，是思想者的耻辱，是活人的报复。

*

在我们身上留下印记的并非暴力的恶，而是那些默不作声、顽固、可容忍的恶。它们构成了我们日复一日的日常，并且如同时间一般，切实地侵蚀着我们。

*

一个人无法观看他者的绝望超过一刻钟而不失去耐心。

*

友情只在年轻时才有好处和意义。对于上了年纪的人来说，很明显，最害怕的事情是朋友比自己活得长。

*

我们可以想象一切，预测一切，除了自己会摔得多惨。

*

我对事物还有眷恋，是因为继承了前人的渴求，他们把求知欲推到了无耻的境地。

*

在洞穴的黑暗和恶臭中，人们得多厌恶彼此啊！可以理解，住在那里的画师宁愿画动物，也不愿人类的形象永恒。

*

“放弃了神圣……”想不到我也能大放厥词！我必须找一个借口，我不信我找不到。

*

除了音乐，一切都是谎言，孤独是，狂喜也是。音乐正是这两样东西，但是比它们更好。

*

年龄多省事啊！我在图书馆要了四本书：其中两本字太小，我看都没看就剔除了；第三本太……严肃，我似乎看不进去。最后缺乏信心地带走第四本。

*

人可以为自己的所作所为感到骄傲，但更应该为有所不为而骄傲。这样的骄傲有待发明。

*

陪了他一晚上，大家都筋疲力尽了，因为需要控制自己，生怕哪句轻微的暗示刺痛他（什么都可以刺痛他），最终费尽了心力，既厌烦对方也讨厌自己。

我们责怪自己出于顾忌，甚至到了卑鄙的地步，去迎合他的观点，我们鄙视自己没有当场爆发，不该把如此微妙的疲惫强加给自己。

*

我们绝不会说一只狗或一只鼠是会死的。人凭什么独自享有死亡的专权？毕竟，死亡并非人类的发现。而自以为唯一的受益人，这本身就是自负的象征。

*

随着记忆消退，我们所能得到的赞美也逐渐消失，被责备所取代。这也公平：我们很少能配得上前者，而后者则揭示了我们对自己不了解的部分。

*

如果我生为佛教徒，我就会一直是佛教徒；生为基督徒，少年时我便弃绝了这一身份。那时，如果我知道的话，会比今天更接受歌德的亵渎——就在他去世的当年，他写信给策尔特道：“十字架是天底下最可怕的形象。”

*

重点往往出现在漫长对话结束时。伟大的真理临到门口才说。

*

普鲁斯特的陈旧之处在于，让人眩晕的冗长所充斥的琐事，象征主义风格的腐朽之气，效果的堆积，诗意的饱和。俨然一个受到了女才子[1]影响的圣西门。今天没有人会读了。

*

一封名副其实的信，必须写于赞赏或愤慨的当下，

[1] 女才子（Précieuses），17世纪法国经常光顾沙龙、受过教育的贵族女性。引申义为故作风雅、矫揉造作。

总之要夸张。可以理解，为什么一封理智的信是一封胎死腹中的信。

*

我认识的作家有迟钝的，甚至有愚蠢的。相反，我接触过的译者远比他们翻译的作者聪慧、有趣。毕竟翻译比起“创造”需要更多的自省。

*

亲朋好友眼中的“杰出人士”可千万不能露馅。要是他希望有一天任何人眼中的自己都无异于某些人眼中的自己，就不能留下任何痕迹，更不能写作。

*

对于一个作家来说，转换语言相当于抱着一本词典写情书。

*

“我觉得你厌恶别人对你的看法，也厌恶你对自己的看法。”在经历了长时间的分手后，她直截了当地对我说。离开时，她说了一个中国的寓言故事，那故事教育我们，没有什么能比得上忘我的境界。她，一个最当下的存在，内心力量无比强大却稍纵即逝，极度依附于自我，难以想象地关注自我——她得误会到何种程度，才会推崇忘我，以至于幻想自己就是忘我最好的例证？

*

难以容忍的粗鲁，卑鄙，肮脏，傲慢，灵敏，能捕捉最细微的差别，面对夸张或玩笑会高兴地喊出声，擅于权谋和算计……他浑身散发着魅力却又让人厌恶。真是个令人惋惜的混蛋。

*

每个人的使命都是执行自己所具象化的谎言，最后仅仅成为一个疲惫的幻象。

*

清醒：永久的殉难，无可比拟的壮举。

*

以丑闻相告的人是在以一种玩世不恭的方式撩拨我们的好奇心，以满足他们揭露秘密的需求。同时他们也笃定我们会因为嫉妒而不敢揭发他们。

*

人与人之间唯有音乐才能创造坚不可摧的共谋。激情易逝，如同生命中的其他事物一样会消退。而音乐，其本质高于生命，当然也高于死亡。

*

如果说我对神秘主义不感兴趣，那是因为一切事物对我来说都不可解释，我还有什么好说的？因为我就生活在不可解释之中，并且已经受够了。

*

X. 指责我表现得像个旁观者，没有参与感，而且反感新事物。“但我没有任何要求，也不想改变什么。”我告诉他。他没有理解我的意思。他以为我在谦虚。

*

大家都能注意到，哲学的术语和黑话一样容易迅速过时。原因呢？哲学的术语太造作，黑话又太生动。两种破坏性的过度。

*

他奄奄一息几个月甚至好几年了，以过来人的口吻谈论着自己的死亡。一个死后的存在。我很惊讶，他几乎什么都不吃却还能活着：“我的身体和灵魂花了那么多时间费了好大劲才结合，没办法分开。”

他说话时的声音并不像一个垂死之人，因为他早就不算是“活着”了。“我是一支熄灭的蜡烛”，这是他对自己最后的蜕变最准确的描述。我问他有没有可能发生一个奇迹，他回答说：“要好几个奇迹才行。”

*

十五年孤绝的生活后，萨罗夫的圣塞拉芬[1]哪怕见到寥寥几位访客都会惊呼道：“我可真开心啊！”

从未断绝与同道之人接触的他，能以这种方式迎接他们，也算奢侈了吧？

*

从一本破坏性巨大的书中生还，读者所遭受的痛苦并不亚于作者本人。

[1] 萨罗夫的塞拉芬（Séraphin de Sarow，1754—1833），俄罗斯正教会最负盛名的圣人之一，于1903年封圣。

*

我们应该处于一种感受的状态，也就是说，要让自己的身体虚弱一些，让词语触动我们、融入我们的身体并开展某种事业。

*

弑神者是一个人或一个民族所能受到的最恭维的辱骂。

*

高潮是顶点，绝望也是顶点。高潮仅持续一瞬间，绝望是一辈子。

*

从前她长得像克利奥帕特拉。七年后她还不如在某个街角乞讨。——从此往后要戒掉所有狂热的爱，不再寻觅眼、笑容乃至一切之中的热望。

*

让我们理智一点：没人能看透一切。没有普世的失望就不可能有普世的知识。

*

没法令人心碎的东西就是多余的，至少音乐是这样。

*

如果我们相信尼采，那么勃拉姆斯代表的就是“die Melancholie des Unvermögens”，无力的忧郁。

他在崩溃边缘下这样的结论，为其蒙上了永恒的阴影。

*

一无所成，死于劳碌。

*

那些愚蠢的路人——我们是如何落到这步田地的？在古代，比如雅典，人们怎么能想象这样的场面？在这群该死的人之中，只要有片刻突发的清醒，所有幻想就都会破灭。

*

我们越憎恶人，上帝眼中的我们就越成熟，与人对话也就越得心应手。

*

极度的疲惫近似于狂喜，但会让人落到认知的底端。

*

正如被钉死在十字架上的人临世，将历史一分为二，今夜也将我的生命一分为二……

*

一旦音乐停下，一切就都显得失色而无用。可以理解，人们可能会埋怨音乐，把音乐的纯粹看作欺诈。对音乐太痴狂就得不惜一切代价抵御音乐。托尔斯泰最知其中的危险，因为他清楚，音乐可以对他为所欲为。所以他开始厌恶音乐，害怕沦为音乐的玩偶。

*

放弃是唯一一种不使人堕落的行动。

*

哪个城里人心里没住着一个杀人犯？

*

爱就爱无以言表的不定的思想，爱词语捕捉的瞬间的思想。呓语与俏皮话。

*

一个年轻的德国人向我要一法郎。我和他交谈后得知，他曾周游世界，去过印度，自认很像当地的流浪汉，他真挚地爱他们。然而，将一个说教的国家视为归属不无后患。我看着他乞讨：他看起来像是上过乞讨课一样。

*

大自然在找一个能让所有人都满意的公式，最终选择了死亡，可以想见，无人对此满意。

*

赫拉克利特既有德尔斐的一面，又有教科书的一面，兼有闪电般的洞察力和夯实的基础：既是受启者，又是启示人。但很遗憾，他放不下科学，始终无法站在科学之外思考！

*

我经常怒对任何形式的行动，以至于在我看来，用任何方式来宣示自我都无异于欺诈，乃至背叛。

“但你还在继续呼吸。”

“对，别人做什么我也做什么。但是……”

*

死去的一切从没活过——如果真像大家所认为的这样，那对活着的人会是怎样的审判啊！

*

听他阐述自己的计划时，我不免想到，他剩下的日子甚至不到一周。就他而言，谈论未来，尤其是他的未来，多蠢啊！但是，一旦离开，一旦出了门，我又禁不住心想：说到底，活着的人和将死之人又有多大区别呢？只不过后者做计划荒谬得更明显而已。

*

我们通过一个人崇拜谁来断定他所处的年代。如果我们引用了其他人而不是荷马和莎士比亚，就有显得过时或失心疯的风险。

*

可以想象上帝说法语，但谁都不会想象基督说法语。他的话语并不符合这样一门面对天真和崇高如此不自在的语言。

*

探索人类如此之久！这恶趣味没法再继续了。

*

愤怒源于上帝还是魔鬼？两者都有：不然我们如何解释，愤怒一边梦想着要摧毁星系，一边又只痛苦地囿于这个可怜、悲惨的星球？

La lucidité: un martyre permanent, un inimaginable tour de force.

清醒：

永久的殉难，

无可比拟的壮举。

*

我们如此疲于奔命——为什么呢？为了活成原来的自己。

*

一事无成的 X. 向我抱怨，说自己没有时运。

“哪有！哪有！你接二连三的受挫如此惹人注目，倒像是泄露了天意的设计。”

*

一个女人只要还能假装谦虚、矜持，就还算是女人。当她不再做戏时，便显露了她的不足。她已经失去了价值，因为她都和我们一样了。于是，连最后一个使生存得以忍受的谎言也没了。

*

邻人之爱真让人难以想象。我们会让一种病毒去爱另一种病毒吗?

*

一生中唯一重要的事件只有那些决裂。这是我们最后消散的记忆。

*

当我知道他对陀思妥耶夫斯基和音乐完全不为所动时，我拒绝见他，管他有多了不起。比起他，我更愿意遇到一个在这两者之中喜欢任意一个的蠢货。

*

生活没有任何意义，这就是活着的理由，而且是唯一的理由。

*

自杀日复一日陪伴我，我若是诋毁它，那便不公不道且忘恩负义。还有什么比自杀更健康、更自然呢？既不健康又不自然的，是对存活的贪恋——致命的缺陷，卓越的缺陷，我的缺陷。

MAGIE DE LA DÉCEPTION

失望的魔力

只谈感觉和所见就好了，永远不要谈观点——因为观点并不发自肺腑，也从未真正属于我们。

*

天空阴郁：我的大脑充当了苍穹。

*

毁于无聊，这慢动作的飓风……

*

当然有那种临床上的抑郁，治疗有时会有用；但还有一种抑郁，隐藏在洋溢的快乐后，如影随形，不让我们有片刻的独处。这一无处不在的恶意无以排遣：它是我们与自我永恒的面对面。

*

这位外国诗人在多个首都之间犹豫不决，最终选择了我们。我向他保证，他做了对的选择，他会发现这儿除了其他好处之外，还可以在不打扰别人的前提下饿死。我想再鼓励他几句，便指出在这里溃败特别正常，甚至成了一种通行证。后面补充的这句话打动了他，因为我从他眼睛里看到了闪光。

*

分别三十多年后，一个朋友对我说："你也到了这个年纪，说明生活还是有意义。"我经常想起这句话，每次都很有感触，虽然说这话的人在任何事情中都能找到意义。

*

马拉美自称被判决一天二十四小时都醒着，对他这样的人来说，睡眠不再是"真实的需求"，而是"恩典"。

只有伟大的诗人才能担负如此疯狂的奢侈。

*

动物似乎逃过了失眠的困扰。如果让动物几周内不睡觉，状态和行为都会发生根本的变化。它们会体验到以前不知道的感觉，一种我们认为独属于人类的感觉。如果我们想让动物赶上我们、取代我们，那就扰乱动物世界吧。

*

我每次给一位日本的女性朋友写信，都习惯了向她推荐勃拉姆斯的作品。她刚写信告诉我，说她对我的偶像太过投入，都被送上救护车了，这才从东京一家诊所里出来。是哪一段三重奏或者奏鸣曲应该为此负责呢？这并不重要。只有招致昏厥的才值得倾听。

*

在任何关于认识的闲谈中，在任何哲学家（不管是不是德国人）都侃侃而谈的认识论（Erkenntnistheorie）中，你都不会看到对疲倦本身的丝毫致敬，而帮助我们穿透事物本质的却往往是疲倦。因为遗忘了疲倦或者忽视了疲倦的好，哲学无疑名誉扫地。

*

到蒙帕纳斯公墓逛了一圈。

所有人，无论老少，都曾做计划。他们再也做不了了。

作为一个好学生，我以他们为鉴，所以回程时就发誓再也不做计划了。

不可否认，散步是有益的。

*

我想到了 C.，喝咖啡是他存在的唯一理由。有一天我有些激动地当着他的面夸佛教，他回答说：“涅槃，好的，但没有咖啡不行。”

我们都有某种癖好，阻止我们无条件地接受终极的幸福。

*

佩里耶夫人[1]的一篇文章，更确切地说，一个段落里写道，她的弟弟帕斯卡承认自己从十八岁开始就没有过过一天好日子。我读了后震惊得将拳头塞进嘴里，防止自己喊出声来。

这是在一个公共图书馆里发生的。值得注意的是，当时我十八岁。这是怎样的先见之明,又是怎样的疯狂、怎样的自负啊!

*

脱离生命便少了嘲讽生命的乐趣。

如果有人告诉你他不想活了，或许只能这么回答他。

*

一位哲学家表示，*存在永远不会招致失望*。那么

[1] 弗朗索瓦丝·吉尔贝特·佩里耶（Françoise Gilberte Périer，1620—1687），法国作家，为其弟、哲学家帕斯卡作传而闻名于世。

谁会招致失望呢？当然不是非存在。从定义上说，非存在就不可能招致失望。肯定是存在所拥有的这一优势激怒了哲学家，所以他才会叫嚣这样一个公认的伪命题。

*

友情之所以有趣，是因为它几乎和爱情一样，是一个产生失望和愤怒的无穷无尽的源泉，也因此带来了丰厚的惊喜。没有理由错过友情。

*

要想在当下不失去理智，最可靠的方法是：告诉自己一切都是不真实的，往后也如此……

*

他心不在焉地向我伸出手。我问了他一些问题，渐渐不敢吭声了，因为他的回答短得要命。并不是说聊天要说些没用的废话，而是聊天得有聊天的样子！

言语是生命的信号。所以说，相比说话卡顿的半疯子，滔滔不绝的疯子更亲切。

*

我们对溜须拍马之人毫无招架之力。既没法认可他而不感到荒谬，又不能反驳他、不理他。我们表现得好像他说的都是实情，放任自己被恭维，因为不知该如何回应。他自以为我们着了他的道，觉得他支配了我们，享受着自己的胜利，但我们又不能戳穿他。他大概率会成为我们的敌人，早晚有一天会为自己的卑躬屈膝而报复。一个伪装的侵略者，他在吐出那些夸张言论的时候就已经在盘算着开枪。

*

结交忠实朋友最有效的方法就是祝贺他们的失败。

*

这位思想家把絮叨当庇护所，而其他人躲在惊愕之中。

*

长时间绕着一个问题打转，就能立即对相关作品下结论。刚才，我翻开一本诺斯替教派的书，我立刻就知道它不可信，但我只读了一句话而已，是个门外汉，对这一领域只能说模模糊糊有些概念。

现在，我们想象一下，如果有这样一位真正的专家，怪物一样的存在，比如上帝：那么我们所做的一切在他看来一定都是一团糟，即便我们取得了无与伦比的成就，即便是那些应当让他感到侮辱和困惑的成就。

*

《创世记》和《启示录》之间充满各种谎言。知道这一事实很重要，因为这样一个显而易见、令人眩晕的真相一旦被接受，那么所有智慧的秘方都会变得多余。

*

缺乏坚定的写书意念时，必然会不无惊叹地想起那个哈西德教派的拉比。他放下了写书的计划，因为他不确定自己是否能仅仅为了他的造物主的喜悦而写。

*

如果失望的时刻同时降临到每个人的头上，那么我们都将拥抱新的人生，或者天堂，或者地狱。

*

无法与身体的疼痛进行对话。

*

无限地回归自我，就像六日创世后的上帝，至少在这点上要效仿他。

*

黎明之光是真正的光，是最初的光。每每我凝视黎明之光，便感激每一个难熬之夜，让我有幸亲临这一原初的奇观。叶芝用“淫荡”来形容它——美丽又隐秘的发现。

*

听说他快结婚了，我想最好还是掩饰自己的惊讶，大而化之地表示：“一切都得以兼容。”他说：“确实如此，男人与女人兼容。”

*

一束火焰穿透血液。抵达另一端，绕过死亡。

*

遭遇命运的打击时，我们总表现得自命不凡……

*

成功（也无所谓哪一次）到达顶峰时，我们会想要大声呐喊："一切都耗尽了！"

福音书中那些老生常谈，尤其关于激情的部分，只有在我们自认不再需要时才适合翻阅。

*

怀疑的特征，在教会神父身上罕见，如今看来却是现代的。显然，在基督教发挥了它的作用——即在其开端便预示了其终结——之后，从事神职就成了一份令人愉悦的职业。

*

每当我看到一个又臭又脏、晕晕乎乎、醉醺醺的流浪汉抱着酒瓶子瘫倒在人行道边，我就会想到未来的人类，肯定也是这样试验自己的终点并最终抵达的。

*

即便严重神经质，他还能接连不断地说出平庸之词。时不时有言论近乎白痴或天才。大脑的错乱总得有点用处。

*

一个人自认超然到一定程度，会将所有善意的人视为哗众取宠者，包括宗教的创始人。但超然本身不也是哗众取宠吗？如果一切行为都是装腔作势，那么拒绝本身也是装腔作势：但高贵一些。

*

他的漫不经心让我困惑也让我佩服。遇事不慌不忙，也不为自己设定方向，对任何主题都不抱热情。似乎一出生就吞下了镇静剂，药效至今不退，让他脸上总是挂着坚不可摧的微笑。

*

过早透支蔑视这一情绪的人挺可怜的，面对他人及自我时，他再也不知该如何是好！

*

与世隔绝，也和所有朋友断决关系后，他念那本“书中之书”的开头给我听，带着点在这种情况下似乎不可或缺的俄罗斯口音。读到亚当被逐出天堂的部分，他若有所思，望着远方，这时我心里隐隐约约有个清晰的声音：几千年来怀着虚幻希望的人类为自己受了骗而愤怒，到头来还是会领悟诅咒的意义，使自己无愧于最初的祖先。

*

如果埃克哈特大师是唯一一个我们仍会阅读的“经院派”，那是因为他除了思想深刻，行文还充满魅力，极其动人，这在信仰盛行的时代是特别稀罕的品质。

*

这样的清唱剧，这样动人的哀唱与痛苦的流露，听者怎能不去想它掩藏的现实？怎能不去猜测它唱给谁听？怎能无视其背后的东西？怎能不担心余音注定成过眼烟云？

*

一个印度村庄里，村民编织羊绒披肩。长居在此的欧洲工厂主观察着织布工无意识的织布过程。在深入研究后，他认为应该把这一过程告知这些单纯的人：结果，他们丧失了所有的自发性，变成了非常糟糕的工人。

过度思虑，就会妨碍一切行动。总把性挂在嘴边便破坏了性。色情是落魄社会的祸患，是对天性的侵犯，是组织性的无能。人们反思那些不需要反思的漏洞，这是件不无风险的事。高潮从来不是哲学事件。

*

我对气象的依赖将永远阻止我承认意志的自主

性。天气决定了我思想的颜色。再没有比我更卑鄙的决定论者了，但我能怎么办呢？如果我能忘了自己的肉体，那我就会相信自由。一旦我的身体要求我遵守秩序，并将各种病痛及无缘无故的毛病施加于我，我便不再相信它。孟德斯鸠也持同样的看法："幸或不幸取决于身体器官的处境。"

*

如果设想都已实现，今天的我会不会更快乐？当然不会。越走越远，逼近自我的极限时，在这一过程中，我会质疑自己的使命，乃至所有的使命。

*

正是自杀情绪让人痴迷于某一人或某一念头。照耀着爱与狂热本质的竟然是这样的光芒！

*

对失败的需求才是解脱最大的障碍。

*

一般来说，认知就是重现某种事物；往绝对里说，认知就是重现一切事物。开悟则代表更进一步：确定从此以后自己不再被愚弄，是对幻觉最后的回望。

*

我实在想象不出……没有我的宇宙。还好，死亡填平了我苍白的想象。

*

我们自身的缺陷并非表面的偶然，而是天性使然，所以不扭曲天性、不继续败坏就不可能修正它们。

*

反抗拥有最悠久的历史，是我们最生动的反应。

*

我并不觉得在马克思的所有著作中有哪怕一处不偏私的对死亡的反思。这就是我站在海格特的马克思墓前心里的想法。

*

这位诗人让人应接不暇。

*

我宁可自我牺牲，也不愿成为任何人的必需品。

*

在吠陀神话中，任何靠精神食粮成长的人都会怀疑天堂的安逸。众神总是在窥视着，生活在被降格的恐惧中。

《创世记》中的主不也一样吗？他监视人类不就是因为忌惮人类吗？不就是因为他把人类看作竞争对

手吗?

这么一想就能理解他的行为了，伟大的神秘主义者都想逃离上帝，避开上帝的极限和痛苦，以便在神性中寻求无限。

*

通过死亡，人成为世界的主人。

*

一个人怒火刚过，却再度对某人心心念念，这实在让人难以理解。可以想象，没有一个人，甚至一只昆虫，不会因此堕入失望。

*

我的使命是看清事情的本来面目。与使命本身……截然相反。

*

我来自这样一个地方：在那里，受挫是一种义务，而“我无法自我实现”是一切苦衷的主旋律。

*

我不可能屈服于任何命运。我在出世之前、在离世之后才存在着，而不是我在世的时候。

*

无数夜里，你感觉所有人都撤离了这个宇宙，包括那些死去的人，而你是最后一个活着的人，最后一个幽灵。

*

为了提升到慈悲的境界，一个人必须把自我纠缠推至饱和，推至厌恶，这种极致的恶心是健康的症状，是超越自己的苦难或烦恼的必要条件。

*

任何地方都无所谓真，处处是拟像，对此不应有任何期待。那么，为什么要在原初的失望之上，又加诸后面的所有失望，以魔怔一般的规律性日复一日地确认这份绝望呢？

*

路德教导我们："圣灵不疑。"真遗憾，不是每个人都能做到。

*

气馁，总是为知识服务，向我们揭示另一边：存在者和事物的内在阴影——因此，它给予我们准确无误的感知力。

*

纯粹的时间流逝，赤裸的时间，只关乎流动的本质，没有瞬间的间断——只有在不眠之夜才能感知。一切消逝。万籁俱寂。侧耳倾听，耳畔无声。感官不再朝向外界。还有什么外界可言呢？唯一没被吞噬的是感官这一纯粹的通道，穿过我们也构成了我们本身，一直等到我们入睡或白昼降临。

*

严肃性并不能纳入存在的定义；悲剧性可以，因为它意味着意外和无端的灾祸，而严肃性只为目标服务。然而，存在的伟大原创性就在于与目标无关。

*

爱一个人，为了与之更亲密，而盼着他遭遇巨大的不幸。

*

如果我遵从我的初心，我更愿意写辱骂信和告别信，以此度日。

*

死亡之中有某种下流的东西。

确实，死亡本身就并非上得了台面的事。当然，到了最后才能意识到这点。

*

我耗费了一小时又一小时，苦苦思索那些在我看来值得深究的东西：思考一切的空洞，思考那些不值得深思的东西，毕竟对于显而易见的事物，我们也无所谓支持或反对。

*

阿赫玛托娃[1]和果戈理一样，不喜欢占有。她总是把自己收到的礼物送出去，几天后那些礼物已经躺在了别人家中。这一点让人想到游牧民族的习俗，迫

[1] 安娜·阿赫玛托娃（Anna Akhmatova，1889—1966），俄罗斯文学“白银时代”代表诗人，被誉为“俄罗斯诗歌的月亮”。

于必要性和口味而过一种临时的生活。约瑟夫·德·迈斯特[1]举了一个类似的例子，他有一位朋友是俄国王子，在自己宫殿里想睡哪儿就睡哪儿，没有固定的床，因为他活出了一种在路上的感觉，生活不过安营扎寨，总有收拾行囊的时刻。

……既然东欧就有这样超然的模范，又何必去印度或他方寻找？

*

如果全文都是内心戏和形而上的问题，很快就会让读者厌烦。写文章总得有点惜字的精神，这样才有真实感。如果天使（被放逐的天使除外）开始写作，所写肯定不可读。纯粹是很难让人懂的，因为它与生命不兼容。

*

走在街头，我突然被时间的"神秘"所擒，心想

[1] 约瑟夫·德·迈斯特（Joseph de Maistre，1753—1821），萨伏依的哲学家、作家、律师及外交官。

圣奥古斯丁在这个问题上是对的，他直接去问上帝——还能和谁讨论这个问题呢？

*

如果没有因为自己不是音乐家而感到耻辱的话，我本能翻译出一切折磨着我的东西。

*

午后时分我心烦意乱，躺上了床，这是思考涅槃的理想姿势，没有剩余之物，也没有一点自我的印记，而这两者是解脱的障碍，也是放空的障碍。首先感觉到至福的灭亡，随之是无感觉的至福的灭亡。我想我正迈向极致之境；但其实这不过是对其拙劣的模仿，无非逐渐昏沉，进入……午睡的深渊。

*

按照犹太教义，上帝之作《托拉》写于创世前两千年。从未有民族自视如此之高：将自己奉为神圣的书追溯至如此久远的年代，甚至早于神说“要有光”（Fiat Lux）！

命运就是这样被创造出来的。

*

翻开一本宗教文选，我一眼就看到了佛陀的这句话：“世间万物都不值得欲求。”——旋即我便放下书，既然如此我还看什么书呢？

*

人越老越缺乏毅力。即便成功拥有了毅力，仍然会感到局促，像是借来的东西。所以在那些散发出信念气息的人面前会感觉不适。

*

常与加斯科涅人（一个真正的加斯科涅人）往来乃幸事。我想到的这位加斯科涅人，我从未见他被击溃。他一切的不幸，再深切，听他说来也像是胜利。他和堂吉诃德没太大差别。然而，他时不时就试图正确地看待一切，只不过终究是徒劳。最终他仍然只能在失望中当一个空想家。

*

如果我听从了自己的冲动，如今要么疯狂，要么上吊。

*

我发现，在任何的内心波澜之后，我会短暂驰神，旋即转向痛苦甚至怪诞的反思。在我人生的每一次危机中，不管是否重大，总是如此。一旦你跳脱生活，生活便会反扑，将你打回原形。

*

我无法确知我是否把自己当回事。超脱的悲剧性在于无尺度可衡量。如行于荒漠，不知身在何方。

*

我走了很远的路去寻找太阳，找到了太阳，太阳却不友好。如果我从悬崖上跳下去呢？当我陷入这样阴暗的想法时，再看看松树、岩石、海浪，一瞬间又感到自己缚于这美丽而受诅的宇宙。

*

“丧”只被赋予次要的地位，远低于焦虑，这是非常不公正的。事实上，“丧”比焦虑更致命，但不像焦虑那么爱表现。相比之下，它更平和，但更具毁灭性。“丧”随时随地来袭，而焦虑则隔着距离，等候着重大的场合。

*

每次他来，总是走马观花，我能碰上他都靠运气。这次他谈兴很浓，对我倾诉，说最近自己特别强健，体验到轻松的感觉，并且能不断意识到这一点。我回应说，在我看来他的健康状况很可疑，持续地自觉健康非常反常，真正的健康是永远感觉不到的。离开前我留下一句话：请注意您的安危。

不用说，从那以后我再也没有见过他。

*

只要有一点烦恼，尤其是，只要有一丝忧愁，最好的办法就是冲进最近的墓地，别处寻不到的平静立刻扑面而来。奇迹般的疗效，虽然只是一次性的。

*

遗憾，反向的轮回，复活了生之愉悦，给我们一种重生多次的错觉。

*

我偏爱塔列朗。——当一个人仅仅在口头上犬儒主义的时候，就会无比崇拜行动上的犬儒主义者。

*

如果某一政府在仲夏时下令无限期延长假期，任何人不得离开自己度假的天堂，否则处以死刑，那么接踵而来的将是大规模的自杀与前所未有的屠杀。

*

幸与不幸我都不开心。那么为何有时我更偏爱前者？

*

激情的深度是由它所包含的低级情感来衡量的，这些情感确保了激情的强度与持久度。

*

按歌德的说法，骷髅[1]是蹩脚的艺术形象，呈现

[1] 骷髅（Camarde），死亡的具象化——没有鼻子的骷髅，也指塌鼻子的人。

了虚假的、不真实的面孔。当然，歌德不是诺瓦利斯，诺瓦利斯将骷髅视为将生活“浪漫化”的原则。

站在歌德的立场上说，他可比《夜之颂歌》的作者多活了五十年，有足够的时间丧失对死亡的一切幻想。

*

火车上，有个女人应该上了点年纪，看上去也有一定地位，坐在她旁边的是她的傻儿子，三十岁左右，不时拉过他母亲的手臂深深一吻，恬静地看着她。容光焕发的女人微微笑着。

我不知道我是出于怎样的好奇心呆住了。但现在我知道了，因为我见证了一个奇观。当时的我发现了另一种形式的惊愕。

*

有了听众才有音乐，好比人出了神才有上帝。至高的艺术和至高的存在一样，完全取决于我们。

*

对一些人来说，事实上对大多数人而言，音乐是兴奋剂和安慰剂；对另一些人来说，音乐是理想的腐化剂，能够让人出乎意料地自我迷失，在极致中沉沦。

*

同神灵决裂，同先祖决裂，同语言与国家决裂，同一切决裂，确实是一场可怕的考验；但同样令人兴奋，所以叛逃者，甚至叛徒，才如此求之若渴。

*

在所有令我们受苦的事情中，没有什么比失望更能给人一种逼近真实的感觉。

*

人处于颓势，与其自怜，不如调用不再做自己的权利。

*

我们几乎可以得到一切，除了隐秘的需求。或许，我们最大的执念无法实现，我们自身以及我们征途中最核心的部分始终隐秘，无以成真。上帝做了最好的安排：让我们从内在崩溃中受益并为之骄傲。

*

《光明篇》中，上帝造人，为了使人忠于自己，嘱咐他们忠于生命之树。而人类更爱“变动区域”的另一棵树。堕落吗？执迷于变动，好奇结了果，导致厄运连连——也就是这样，第一个人类的心血来潮成了整个人类的法则。

*

任何形式的依恋、爱情乃至友情中都有点同情的味道，崇拜除外。

*

毫发无损地脱离生活——这可能会发生，但无疑从未发生过。

*

刚发生的灾难，很难让我们看到它的好。

*

19 世纪时，叔本华和尼采谈爱与音乐最精彩，虽然两人经常拜访的只有妓院，而在音乐家之中，叔本华喜欢罗西尼，尼采喜欢比才。

*

碰巧遇见 L.，我跟他说，圣人之争最激烈也最隐秘。他让我举几个例子，我当时想不起来，现在也找不到。但在我看来，这一事实不是理所当然的吗……

*

意识：出生至今所有不适之和。不适已经消退；意识留存——但它已经失去了它的根源……甚至不知自己从何处来。

*

忧郁自己哺育自己，所以没有办法自我更新。

*

《塔木德》中有这么一句惊人之语：“人越多，自然界中神的形象就越多。”

当时那么说也许是对的，但眼下发生的一切都在背离这句话，未来的一切还将远甚于今。

*

我希望有生之年目睹人类的灭绝。但诸神却与我作对。

*

考虑放弃或者准备放弃，只有在这样的时刻我才会快乐。剩下的就是苦涩与不安。放弃并不容易。却也只有争取放弃才能带来平静。争取？只是想想就足以带来成为另一个人的幻觉，而这一幻觉本身就是一种胜利，最讨喜也最具有欺骗性。

*

他身上那种游戏人间的感觉无人能比。每次我这么说，他就心照不宣地回以微笑，和我说起梵语中 lîlâ 一词，根据吠檀多[1]的说法，lîlâ 表达的是无任何附加条件而只出于神圣娱乐性的创世。让我们尽情地嘲笑一切吧！现在，这个世间清醒的人中最开心的一个，掉进了自己给自己挖的坑里，因为他已经屈尊把虚无当回事了。

[1] 婆罗门教六宗派之一，也是影响力最大的一派。

FACE AUX INSTANTS

遭遇瞬间

并非出于天赋，而是因为痛苦，仅仅因为痛苦，一个人不再是提线木偶。

*

一个人为死亡之魅所惑时，就好比重拾前世关于死亡的记忆一般，迫切地想要重温死亡。

*

如果你怀疑某人偏爱未来，你就应该明白，对方知道不止一位精神病医生的地址。

*

“你的真理令人窒息。”

我马上回答这位没有恶意的朋友：“对你而言如此。”

实际上我很想说：“对我来说也一样。”而不是像这样口出狂言……

*

人不满足于做人。但他不知道自己该回到什么，也不知道该如何重返既已忘却的状态。对该状态的怀念是一个人存在的根基，因为怀念，他才能与自己仅剩的最久远的东西交流。

*

空荡荡的教堂里，风琴师在练习。没有人，只有一只猫围着我打转……猫的亲昵让我惊讶：那些折磨人的疑问向我袭来。管风琴的回答不能令我满意，但就我目前的状况来看，这无论如何是一个回答。

*

真正理想的存在——想象一下总是可以的——在任何情况下，都不会在委婉语中寻求庇护。

*

没有人像我这样崇拜“无动于衷”，我疯狂地渴求它，越想达到就越偏离。所追寻的尽头竟违背自己的天性，这正是溃败。

*

人的一生就是混乱丛生。明白了也无济于事，阻止不了任何人走向自己的命运,并最终走向全面的混乱。

*

焦虑并非源于神经失调，而是基于世界的结构。一个人没有理由不时刻感到焦虑，因为时间本身就是充分展开的焦虑，无法区分开端与结束的焦虑，永远胜券在握的焦虑。

*

天空一如所愿地阴暗，两只鸟不顾凄凉的背景在空中嬉戏……鸟儿显而易见的愉快，远比整个情色文学更适于重塑一种古老的本能。

*

因崇拜落下泪水——这世间唯一的借口，毕竟总得有个理由。

*

为了一位刚刚去世的友人与我的情谊，我闭上眼睛，让自己沉浸在睡前的半梦半醒中。几分钟后，我想我仍掌握着将我们与意识相连的无限微小的现实。就快到生命的尽头了吗？过了一会儿，我发现自己位于深渊之底，却无半分恐惧。不再存在就这么简单吗？如果死亡只是体验之一种，那无疑就是这么简单，但死亡就是体验本身。一生仅此一次的现象，尝试一下还挺好！毕竟人无法检验“唯一”。

*

经受越多，所求越少。人之所以抗议，说明尚未下过地狱。

Lorsqu'on aime quelqu'un, on souhaite, pour lui être plus attaché, qu'un grand malheur le frappe.

爱一个人，

为了与之更亲密，

而盼着他遭遇巨大的不幸。

*

嫌我问题不够多似的，现在又有这些洞穴时代的人都懂的问题把我折腾得够呛。

*

我们怨恨自己，因为我们无法忘记自己，因为我们无法顾及其他事情。我们不可避免地会被这种过度的偏好激怒，然后试图克服。然而，怨恨是实现这一目标的下下策。

*

音乐是一种幻觉，它救赎了其他所有的幻觉。

（如果幻觉是一个注定消失的词，我想知道自己会变成什么样子。）

*

在中立的状态下，没有人能感知时间的脉动。要做到这一点，需要一种特别的（sui generis）不适，一种不知来自何处的恩典。

*

一个人瞥见了空性，并且无论公开还是私下都崇拜空性（sûnyatâ），这时他就不可能屈从于一个平庸的、有肉身的、个人化的神。另一方面，未经旁物遮掩、未经人类污染、摒弃了“我”这一概念的赤裸，杜绝了任何形式的崇拜，而崇拜必然带有些许个人至上的意味。因为，正如大乘佛教（Mâhâyana）的一篇颂文所说：“如果万物皆空，谁被赞美，又由谁赞美？”

*

相比时间，睡眠更能解忧伤的毒。反过来说，失眠会加重轻微的烦恼，将其转变成致命一击，为我们的伤口守夜，不让它们衰亡。

*

我不看路人的脸，而是看他们的脚，所有的骚动都汇成匆忙的脚步——去向哪里？我很清楚，我们的使命就是在风尘仆仆中找寻一个并不严肃的奥秘。

*

一位久违的朋友告诉我的第一件事：多年来他一直在囤积毒药，没能成功自杀是因为不知道该选哪一种……

*

不撼动一个人写作的理由就无法撼动其生存的理由。

*

非现实是显而易见的，我每天都会忘记又重新发现。这部喜剧与我的存在融合得如此紧密，以至于我无法区分两者。为什么会有如此可笑的反复，为什么会有这样的闹剧?

然而这并非闹剧，正是因为这样，我才会与世人为伍，或者说看上去与世人为伍。

*

每个个体本身，甚至在完全堕落之前，就已经堕落了，与他最初的原型相反。

*

我们如何解释这样一个关于“若我未曾存在过”的事实：我们出生前庞大的缺席似乎并没有困扰任何人，即便有人受此困扰，他们也没有被困扰得很厉害?

*

根据一位中国人的说法，一位百岁老人细想人世浮沉，自认仅有一小时的幸福时光。

……既然每个人都会夸大其词，智者为什么要例外呢?

*

我想忘记一切，迎着时间之前的光醒来。

*

忧郁救赎了这个宇宙，但正是它将我们与宇宙分开。

*

在创世的热忱中度过青春时光。

*

多少次失望会酿成苦果?
一次或上千次，视内容而定。

*

把思考这件事看作沐浴毒液，或者毒蛇弥留之际的消遣。

*

上帝是最优秀的有条件的存在，是奴隶的奴隶，是其属性及自身的俘虏。相反，人只要不是他自身，只要他仅仅拥有一个借来的存在，在虚假的现实中求生存——在这样的限度内就能游戏人间。

*

为了肯定自己，生活展现了绝无仅有的天赋；为了否定自己，也不例外。生活能够发明什么手段来摆脱自己呢！死亡是其至今最大的发现，最惊人的成就。

*

游云渐次兴。在寂静的夜，人能听到自己奔走的声音。我们为何在此？我们渺小的存在有何意义？这题没有答案，而我想都没想便答了出来，也不为自己说了些陈词滥调而羞愧："我们活着就是为了折磨自己，没有别的原因。"

*

如果有人提醒说，我的所有瞬间连同其他的一切都将离我而去，我想我不会恐惧，不会遗憾，也不会欢欣。完美的缺席。所有个人的口音都从我以为我仍存在的感觉中消退了。但说真的，我什么都感觉不到了，我从我的感觉中生还，但我不是一个活死人——我还活着，像人很少活着那样活着，像人只活一次那样活着。

*

常常拜读沙漠僧侣[1]的格言，却也因为最新的新闻感动！如果回到最初的几个世纪，我会成为那些隐

[1] 沙漠僧侣（Pères du Désert），早期的基督教苦修隐士，生活在沙漠中以践行教义。

士中的一个,据说他们在一段时间后“厌倦了找寻上帝”。

*

即便出现得已然太迟，但我们会被自己的子辈羡慕，更会被遥远的后辈羡慕。在他们看来，我们似乎享有特权，确实，因为我们享受着尽可能地远离未来。

*

只要有一天躲在惊愕之中，就不能进入此地!

*

我们的位置在存在与不存在之间，在两种虚构之间。

*

必须承认，他者对我们来说是神思恍惚的形象。我们只能在一定程度上跟随他。在那之后，他又必然胡言乱语，因为即使是他最合理的担忧在我们看来也是不合理和无法解释的。

*

永远不要要求语言付出与其自然能力不成比例的努力，在任何情况下都不要强迫它付出最大的努力。让我们避免过度使用词语，以免它们再也无法承受意义的负担。

*

没有什么念头比死亡的念头更能腐化人心也安抚人心。毫无疑问，正是因为这双重的品质，我们才会反复咀嚼这一念头，以至于我们不能没有它。要有多幸运才能同时享有毒药与解药，获得既杀人也救人的启示，饮用能强身健体的毒汁！

*

听了《哥德堡变奏曲》之后——用神秘主义的术语说，这是一种“超本质”的音乐——我们闭上眼睛，屈从于音乐在我们内心激发的回声。什么都不存在了，只剩下没有实质的充实——这是通往至高的唯一道路。

*

要获得解脱，就必须相信一切都是真实的，或者没有什么是真实的。但我们向来只辨别现实的程度，事物在我们看来要么更真实，要么更不真实；要么更存在，要么更不存在。如此，我们永远也不可能知道自己的所在。

*

确切地说，严肃性并不是存在的属性；悲剧性是，因为悲剧意味着无端的灾祸，而严肃性仅关乎最无关紧要的结局。然而，存在的诱惑力就在于无关目的。

*

回溯至高的零点——它产生了次级的零点，而次级的零点又构建了我们。

*

每个人都会经历自己的普罗米修斯危机，往后余生他所做的无非炫耀或者懊悔。

*

在橱窗里展示头骨已然是一个挑战；如果是一整个骨架，那就将迎来轩然大波。即便是随意一瞥，那不幸的路人以后该怎么好好工作呢？有约的情侣又该以怎样的心境赴约呢？

更重要的是，长久驻足于我们最终的蜕变之前，只会妨碍欲望与狂热。

……所以，在我远离时，只能诅咒这样径直而来的恐怖，以及它不间断的冷笑。

*

“瞌睡鸟儿想在我瞳孔筑巢，看到睫毛织成的捕鸟网时吓了一跳。”

还有谁能比安达卢斯的阿拉伯诗人本·哈马拉[1]更了解失眠的深不可测呢?

*

在一些时刻,一段回忆或更少的东西,就足以让人从这个世界溜走。

*

像是赛跑运动员在赛况最激烈时突然停下,试图理解这一切的意义。冥想就是承认自己的喘息。

*

有种声名让人羡慕:像我们原初的祖先一样,把自己的名誉维系在一堆令后代目眩神迷的烂泥之上。

[1] 阿布·阿米尔·伊本·哈马拉(Abu Amir Ibn al-Hammarah),约12世纪生活在伊比利亚半岛。

*

“无常者是苦，苦者是无我，无我者非我所，非我，非我之我。”（《相应部》[1]）。

苦者是无我。在这一点上很难，甚至无法与佛教达成一致，虽然这一点非常重要。对我们来说，痛苦是最个人、最自我的。多么奇怪的宗教啊！这一宗教看众生皆苦，同时又说痛苦非真。

*

他的脸上没有嘲讽的痕迹。这是因为他对生活有一种近乎卑鄙的依恋。那些不屈尊抓住生活的人，面上带有嘲弄的微笑，这是解脱和胜利的标志。他们没有走向虚无，而是走出了虚无。

[1] 《相应部》（*Samyutta Nikaya*），为《巴利三藏》中由众多短经根据相应主题编集在一起的经藏，南传上座部佛教典籍，对应北传佛教的《杂阿含经》。引文出自南传《相应部·犍度篇·蕴相应》第二品。

*

一切都来得太迟，一切都是迟来的。

*

在出现严重的健康问题之前，他是一位学者；然后……他就陷入了形而上学。为了从本质上偏移轨道，他必须借助于忠实的苦难，渴望更新自我。

*

整夜托举喜马拉雅山——称之为睡眠。

*

为了从这个可怜的自我中解脱，有什么牺牲是我不愿意做出的呢？就在此刻，这个自我仍然占据着上帝想都不敢想的位置！

*

死需要极大的谦卑。奇怪的是，事实证明每个人都有这样的谦卑。

*

浪潮及其忙乱和不止的喧嚣，在城市更为荒诞的繁忙面前黯然失色、派不上用场。

闭上眼睛，沉浸在这轰隆的二重奏中，人会以为自己正目睹创世的准备，然后很快便迷失在对宇宙洪荒的狂想中。

奇迹中的奇迹：最初的震动与我们所抵达的不可言喻之端，中间没有任何间隔。

*

任何形式的进步都是扭曲，因为存在本身就是对非存在的扭曲。

*

即便你熬夜熬得让殉道者都嫉妒，但如果没有在你脸上留下痕迹，就没人会相信你。在没有证人的情况下，你在别人眼里将仍然是个小丑，成为这出滑稽戏最好的演员，你自己首当其冲就充当了不信者的帮凶。

*

判断一个慷慨的举动违背天性的证据是，它会引起不适，有时是即刻，有时需要过上几个月或几年，而且你不敢向任何人承认这种不适，甚至不敢向自己承认。

*

在这场葬礼上，只有关于阴影、梦和尘土归于尘土的拷问。随后，没有任何过渡，逝者被允诺了永恒的欢乐和随之而来的一切。这样的前后矛盾激怒了我，我不再关注神父和逝者。

当我离开的时候，我不禁想，我没有资格反抗那些自相矛盾得如此明目张胆的人。

*

将手稿扔进垃圾桶简直大快人心，这手稿见证了一场已经平息的热潮，一场令人沮丧的狂热！

*

今早我思考了，所以整整一刻钟我都不知所措……

*

让我们感到不适的一切定义了我们。没有不适，就没有身份。一个有意识的机体的好运与厄运。

*

如果描述一种不幸和亲身经历一样轻巧的话！

*

每日一课关于自律：想想，哪怕只是一瞬间，总有一天人们会谈论我们的遗体。

*

我们总是强调意志上的缺陷，却忘了意志本身就可疑，它想要的东西就不正常。

*

喋喋不休讨论几个小时后，我被空虚侵占。是空虚，也是耻辱。如果最直抵生命的时刻都在于沉默以及感受沉默的时刻，那么兜售自己的秘密、剖析自己的存在、反反复复吐露自我不是很不体面吗？

*

年少时，屠格涅夫在房间里挂了一幅富基耶－坦维尔[1]的肖像。

无论在哪里，年轻人都常常将刽子手理想化，只要他们肆意妄为时假借潮流和高尚的名义。

*

生与死一样，都没有实质。不幸的是，我们总是明白得太晚，已无助于生或死。

*

你很安逸，忘了你的敌人在窥视和等待。不过，关键在于时刻准备着，以防对方来袭。你会赢的，因为敌人已被仇恨这种巨大的能量消耗得筋疲力尽。

*

在我们感受到的一切中，无来由的绝望最能给人

[1] 安托万·康坦·富基耶–坦维尔（Antoine Quentin Fouquier-Tinville，1746—1795），法国大革命时期的律师、检察官，有数千人在革命法庭受他指控并被判处死刑，而他自己亦死于断头台。

直抵真理的感觉：除此之外，一切似乎都肤浅、劣质、贫乏，缺乏实质且没什么趣味。

*

无关器官耗损的倦怠，超越时间的倦怠，不存在缓和的办法。没有任何休息能战胜它，即便是最终的安息。

*

一切都有益，除非时时刻刻自己拷问行为的意义。什么都好过“唯一重要的问题”。

*

作为一个曾经非常关注约瑟夫·德·迈斯特的人，我本该记起他最多只能睡三小时的事情，而不是堆砌各种细节去分析这个人。单凭这一点就能理解思想家或任何人的极端。然而，我忽略了这点。这是不可原谅的疏漏，因为人类本就分为沉睡者与窥视者，两种存在者的典型，本质上永远不同，只有外表雷同。

*

如果一大清早有人说几乎全人类都凭空消失了，那我们可就终于舒坦了。

*

一个人必须有强烈的宗教倾向，才能坚定地说出存在这个词；他必须相信他可以轻易地说某个事物或某人是什么。

*

每个季节都是历练：大自然变化及更迭，只是为了敲打我们。

*

即便是最微小的念头，起源处都有一种轻微的不平衡。所以对于思想本身所产生的那种不平衡，我们又能说些什么呢？

*

在原始社会，随随便便就可以打发上了年纪的人，文明社会则相反，得把老人奉为上宾、好生喂养。但未来毫无疑问只会保留第一种模式。

*

你可能会放弃某一宗教或者政治信仰，但你仍会保留导致你信奉它的顽固与偏执的信念。你仍然会感到愤怒，但你的愤怒会针对你所放弃的信仰；和你的本质相关的狂热将持续下去，无论你捍卫或者放弃什么信仰。实质，你的实质，保持不变，并不会随着你观念的改变而任由你修改。

*

《光明篇》让我们尴尬：如果这本书里说的是真

的,那么穷人出现在上帝面前时就只带着他们的灵魂,而其他人只带着他们的身体。

在无法做出决定的情况下,最好还是等待。

*

天赋和激情不能混为一谈。在大多数情况下,激情是自夸者的特性。

另一方面,没有激情,我们的真理和谬误又如何变得刺激?

*

没有一个瞬间,我不为发现自己正处于这一瞬间而感到惊讶。

*

在我们做的几十个梦中,只有一个是有意义的,连这还难说呢!其余的——渣滓,简单化的或令人作呕的文学,白痴的天才的意象。

那些被延长的梦仅仅说明了“梦者”的贫乏，他不知道如何结束，力求一个结果又无力实现，就像在戏剧中，作者之所以不断制造戏剧冲突，是因为他根本不知道如何结束、在哪里结束。

*

我的烦忧，或者更确切地说，我的心病，遵循一套不由我做主的法则。它们有时商量好了同进退，有时又各走各的路，更多的时候互相争执，但无论它们沆瀣一气还是各自为政，都好像不把我放在眼里，好像我只是个瞠目结舌的旁观者。

*

我们只在乎自己没有达成的东西，无法达成的东西，以至于生命只剩下它不曾实现，将来也不会实现的东西。

*

梦想着伟大的拆迁事业，不留宇宙原初大爆炸的任何痕迹。

EXASPÉRATIONS

激愤

下午两点，苏斯通湖。我划着船。突然脑海闪过一些词：All is of no avail（一切皆徒劳）。当时如果只有我一个人，我会一头扎进水里。我从未如此强烈地想要结束一切。

*

贪婪地读下一本又一本传记，为了更好地说服自己各种事业各种命运都没什么意义。

*

我碰到了X.。为了不要再遇到这个人，我愿意付出世界上任何的代价。忍受这样一个标本一样的人真是够了！听他说话，我真恨自己没有一种超自然的能力可以原地灭了我们俩。

*

这具身体除了让我们明白折磨一词的含义，还有什么用？

*

对于荒诞的敏锐感知会让再小的行动都没那么容易，甚至不可能。不具备这一感知的人是幸运的！上帝会照顾他们。

*

在一场东方艺术展上，一尊多头的梵天，落魄，愁眉苦脸，呆滞到无以复加。

我乐于看到众神之神以这样的姿态呈现。

*

厌烦了所有人。但我喜欢笑。而且我不可能一个人笑。

*

我从没想明白自己在世上到底追求什么，我还在等着有谁能告诉我他的追求。

*

当被问及为何追随他的弟子都容光焕发时，佛陀回答说，这是因为他们既不考虑过去，也不考虑将来。事实上，无论念及过去还是未来，一个人都只会陷入阴郁；如果同时念及过去和未来，这个人就会陷入更糟糕的境地。

*

消解伤痛：久久闭上眼睛，忘记光以及它所揭示的一切。

*

一个作家伪装成哲学家，肯定是为了掩盖不止一个方面的无能。思想，一扇什么也遮不住的屏风。

*

羡慕和嫉妒时，两眼发光。对于那些我们不太了解的人，该怎么区分对方到底是羡慕还是嫉妒呢？

*

大半夜他打电话给我，说他睡不着。我给他好好地上了一课，我说失眠这种不幸，实际上就是不幸本身。最后，我对自己的表现相当满意，又躺回了床上，感觉自己像个英雄，为直面那些分隔我与白昼的时光而自豪。

*

出版一本书，和婚礼或者葬礼一样麻烦。

*

永远不要写任何人。我对此深信不疑，所以每当我不得不这样做的时候，想到的第一件事就是攻击要写的人，即便我非常佩服对方。

*

“神看光是好的。”

这也是凡人的意见，但无眠之人除外，在他们看来，光是入侵物，是比黑夜更残酷的新地狱。

*

总有一天，否定本身会失去光彩，恶化后会显而易见地进入下水道。

*

按路易·德布罗意[1]的说法，“思维创造”和科学发现之间存在联系，此处“思维”指“突然建立意料之外的联系”的能力。

如果是这样的话，德国人就不适合在科学领域进行创新。在此之前，斯威夫特也很惊讶，那么木讷的

[1] 路易·维克托·德布罗意（Louis Victor de Broglie，1892—1987），法国物理学家，1929 年获诺贝尔物理学奖。

民族竟然拥有如此多的发明。但是，与其说发明有赖于灵敏，不如说有赖于持之以恒，挖掘、深究及坚持的能力……执着生火花。

对于那些被深入研究的狂热驱使的人来说，没有什么是乏味的。他对无聊免疫，能在任何领域无限地拓展。如果他是一个作家，不会照顾读者的感受；如果他是一个哲学家，不会屈尊考虑读者的想法。

*

我告诉一位美国精神分析学家，在朋友的一处宅邸里，修修剪剪已成性的我费了老大劲处理一棵红杉的枯枝，摔了一跤，差点要了我的命。“你费劲处理它不是为了修剪枝条，而是为了惩罚它，因为它比你命长。你希望自己的寿命比它长，而你隐秘的欲望则是通过砍下它的枝条来施行报复。”

……是你你也会永远厌恶任何深刻的解释。

*

另一个美国佬，这次是个老师，抱怨说他不知道下节课讲什么。“为什么不谈谈混沌和混沌之美呢？”他回答说：“这对我来说是未知的，我一生从未受过类似的吸引。”

与怪物相处易，与怪物的反面相处难。

*

我给一个不知道《醉舟》的人读这首诗，他对诗歌也很陌生。

读完后，他评论道：“听起来像是服务行业的人写的。”也算是评判之一种。

*

P.Tz.——如果有天才的话，他就是。因写作的恐怖或不可能性而口若悬河。散落在巴尔干半岛上的成千上万句俏皮话永远地消失了。怎么形容他的激情与疯狂呢？有天我跟他说：“你是堂吉诃德和上帝的混合体。”当下他听了特别受用，但第二天一大早，他就来告诉我：“你说堂吉诃德的这部分，我不喜欢。”

*

十岁到十四岁之间，我住在寄宿家庭。每天早起去上学都会路过一家书店，我总会瞟上一眼，即便是在罗马尼亚的这座省城，书籍也会相对频繁地更新。只有橱窗一角的一本书似乎已经摆了几个月了，仍然无人光顾：*Bestia umana*（左拉的《衣冠禽兽》）。在这四年里，我唯一萦绕不去的记忆是这个书名。

*

我的书，我的作品……这种占有非常怪诞。

当文学不再匿名时，一切都完了。堕落源于第一个作者。

*

我曾经决定不再和任何健康的人握手。不过，我不得不让步，因为我很快发现，许多我以为健康的人并没有我想象的那么健康。仅仅出于怀疑就树敌有什么好处呢?

*

没有什么能比感受到大脑持续在场更有碍思考的连续性了。或许正因为这样,疯子都靠乍现的灵光思考。

*

这个路人想要什么呢?他为什么活着?这个孩子呢?孩子的妈妈呢?还有那个老人呢?

在这该死的散步途中,没人发现我眼中的悲悯。最后,我走进一间肉铺,店里挂着半头牛和其他一些什么。看到这一幕,我几乎大哭出声。

*

在发怒时,我沮丧地感觉到自己很像圣保罗。我像那些狂热分子,像所有我讨厌的人。还有谁能和自己的对立面如此相似?

*

我最讨厌条分缕析的怀疑。我很乐于怀疑，但仅限我独处的时候。

*

总有些先天性的力不从心……刚才我想集中精力处理一个严肃的问题，没有成功，我就躺下了。我的计划最终把我引向了床，床才是我野心的归宿。

*

总有一个人在你之上：上帝之上是虚无。

*

丧生！——我最喜欢的一个词，但很奇怪，这个词对我来说不包含任何不可挽回的意思。

*

每当我必须与某人见面时，一种与世隔绝的欲望就会揪紧我，严重到我在说话时根本无法控制自己的言论，而这种话语的翻滚却被认为是妙语连珠。

*

“这个宇宙会多么巧妙地完蛋啊！”——自认做出让步的人总这么对自己说。

*

再虚张声势也不及肉体之痛。一旦我们这身子骨发出信号，我们就得马上归位，回归最令人羞愧也最具毁灭性的确定性中。

*

跟在送葬队伍后面时，听到目的地这个词可真搞笑！

*

我们一直在死去，但死亡并没有失去它的新鲜感。这就是秘密中的秘密。

*

阅读，就是让另一个人为你忙活。一种最精致的剥削。

*

任何凭记忆引用我们的人都是破坏者，应该被绳之以法。一句残缺的引文等同于背叛、侮辱和偏见，但是情节更为严重，因为它本来是为了帮我们的忙。

*

那些受折磨的人算什么？无非不知为谁殉道而激愤的殉道者。

*

思考，意味着屈从于不稳定的健康状况的命令和狂想。

*

以埃克哈特大师开启新的一天，然后我转而开始看伊壁鸠鲁。这一天还没有结束，该看谁收尾呢？

*

我一走出“我”，就睡着了。

*

不相信命运的人不算是活过。

*

如果碰巧有那么一天我会死的话……

*

一位上了年纪的女士在超车的时候，看都不看我一眼就宣称："今天我只看见满大街都是行尸走肉。"然后，她还是不看我，又说："我是疯了吧，先生？"我语带赞同地回应她："没那么夸张啦。"

*

在每个婴儿身上都看到理查三世的影子……

*

我们在每个年龄段都会发现生活是个错误。只不过，在十五岁那年这是个启示，带有恐惧的颤抖，又有点不可思议。随着时间的推移，这个启示变了质，成了不言而喻的事，于是我们怀念最初经历它的日子。

*

1937年春天，我在特兰西瓦尼亚锡比乌精神病院的公园里散步，院里一位“住客”走向我。寒暄之后我说：“这里挺好的。”他答：“我知道。发疯是值得的。”“但您现在跟蹲监狱没什么区别。”“您要这么说也行，但我们住这儿很省心。而且，快要打仗了，你我都知道。这个地方很安全。没人会动员我们，也不会有谁来炸疯人院。如果我是您，我会马上住院的。”

困惑和惊讶下，我走开了，也试了些办法希望更深入地了解这个人。他们向我保证这个人是真疯。不管疯没疯，从来没有人给过我比这更合理的建议。

*

有瑕疵的人性构成了文学的素材。作家庆幸当初亚当堕落，而当我们每个人都承担并更新这一堕落时，这人性才得以繁荣。

*

就生物遗传而言，最微不足道的创新似乎也是毁灭性的。生命是保守的，只有重复、陈腐和因循守旧才能灌溉生命之花。与艺术完全相反。

*

成吉思汗开拓疆土时有当时最伟大的道教圣人辅佐。极端的残暴很少是庸俗的：它总带着点离奇和精致的意思，能够同时唤起恐惧和敬意。征服者威廉对他的同伴和敌人一样无情，他只喜欢野兽，以及他独自漫步的幽暗深林。

*

正准备出门时，为了整理围巾，我看了看镜中的自己，一瞬间无以言喻的恐惧袭来：这是谁？我认不出自己。即便我认出了我的大衣、领带和帽子，我还是不知道我是谁，因为我不是我。这一现象持续了几十秒：二十秒，三十秒，四十秒？我最终认出了自己，但恐惧萦绕不去。只能等着恐惧主动消失。

*

牡蛎要造壳，必须将于自己重量五万倍的海水输送到体内。看看我都是从哪儿学会的耐心！

*

在某处读到："上帝只谈他自己。"
就这一点而言，至高者的对手可不止一个。

*

生存或是毁灭。
……既不要生存也不要毁灭。

*

每次我无意间见到佛法，哪怕只是简单一句，我都会有一种冲动，想要回到这种我在相当长的一段时间里努力想汲取，却又莫名其妙偏离了的智慧。佛法中有的与其说是真理，不如说是更高的所在……而借由佛法，我们能够达到至纯的境界，首先被去除的就是虚妄。不需要冒崩溃的风险就破除了虚妄，在避免痛苦的前提下就沉入了幻灭，从芸芸众生所苦熬的混沌之中，每天解放自己多一点。

*

死亡意味着质的改变、自我的更新。

*

当心那些仅凭一句引言就思考的思想家。

*

若说人与人之间的关系如此复杂，那是因为他们被创造出来以相互倾轧，而不是建立“关系”。

*

同他说话就像和一个将死之人说话一样保守。

*

终止存在不指向任何事物，也不可能指向任何事物。一个从非现实中幸存下来的人，一个接替了另一个假象的假象，有什么好为之操心的？事实上，死亡什么都不是，充其量只是一种神秘的拟像，就像生命本身一样。来自墓地的反形而上学宣传……

*

在我小的时候，有一个人给我留下了极深的印象：一个农民，刚继承了一笔遗产，走过一家家小酒馆，身后跟着一个“音乐家”。那是一个壮美的夏日，全村的人都在田里；他独自一人，在小提琴手的陪伴下，走过空荡荡的街道，哼着浪漫的小调。两年后，他再次一贫如洗。但诸神仁慈，不久后他就死了。不知道为什么，我为这个人着迷，而且我有理由着迷。眼下当我想到他时，我仍然相信他真的是个人物，整个村子里只有他拥有足够的气魄来糟蹋自己的人生。

*

想要怒吼，想要朝别人脸上吐口水，想把人拖在地上、践踏……

我练就了体面，以挫损我的愤怒，而我的愤怒也尽可能频繁地报复。

*

如果要我用最简明扼要的话总结我对事物的愿景，我会用感叹号代替文字，一个明确的“！”。

*

怀疑无所不在，但有一重大例外：不存在怀疑的音乐。

*

德摩斯梯尼八次亲笔抄写修昔底德。这就是学习语言的方法。我们应该鼓足勇气把所有喜欢的书都誊写下来。

*

即便他人厌恶我们所作所为，我们或多或少也能接受。但如果他看不上我们推荐的书，那情况就严重得多了，我们会受到如暗箭一般的伤害。为此，我们的品位，甚至我们的洞察力都受到了质疑！

*

当我看着自己入睡时，一时间觉得仿佛坠入天意的深渊，永远陷入其中而无法逃脱。另外，我也没想着要逃。每每在这样的时刻，我都希望尽可能清楚地感知，不放过零星半点，在失去知觉之前，在极致的幸福之前，尽情享受直到最后。

*

罗马最后一位重要诗人尤维纳利斯，希腊最后一位杰出作家吕西安，都极尽讽刺之能事。两种文学都以讽刺终结。和世间万物一样，文学与否，都得结束。

*

这种向无机物的回归不应该以任何方式影响我

们。但这种可悲（可笑自不必提）的现象让我们怯懦。是时候重新思考死亡了,想象一场不那么平庸的惨败。

*

在人世间迷茫，如同我在任何地方都无疑会迷茫。

*

遵循相似道路的两人之间不可能有纯粹的感情。只要简单回想一下，当人们走在同一条人行道上时彼此相视的眼神。

*

相比工作时，人在无聊时获得的多得多，努力是沉思的死敌。

*

从轻蔑到超然看似轻巧。然而，这期间与其说是过渡，不如说是伟业。轻蔑是面对世界的首战告捷；而超然是终极的、巅峰的胜利。两者之间隔着的等同于从自由到解放之路。

*

我从未见过哪个迷乱的灵魂不对上帝感兴趣。是不是可以得出结论：对绝对的追求和神经崩溃有关？

*

任何自以为出类拔萃的蛆虫，都将立即回归人的身份。

*

如果一切都从我的脑海中消失，除了那些我视为独特的经历的痕迹——可是若非出于对不存在的渴望，这些痕迹又从何而来呢？

*

我错失了多少伙同上帝的机会！

*

满溢的快乐如果延续，就比萦绕不去的悲伤更接近疯狂。萦绕不去的悲伤，通过反思或仅仅观察就能自证其合理，而快乐的过度则源于某种错乱。单是为活着就感到快乐，这很让人担心；反过来说，牙牙学语前就感到悲伤，这才是正常的。

*

小说家或剧作家何等幸运，可以通过伪装自己来表达自己，跳脱内心的冲突，更重要的是，摆脱在其内心争斗的多重自我！散文家可不一样，他们无奈地面对一种讨厌的文体，只能在其中通过每一步的自相矛盾来投射自己内心的不相容。人在矫饰中更自由——这是分崩离析的自我的胜利……

Nous avons tous quelque manie qui nous empêche d'accepter sans restriction le bonheur suprême.

我们都有某种癖好，阻止我们无条件地接受终极的幸福。

*

此刻，我想到了一个人，我毫无保留地拜服他。他承诺的事一件都没有做到，在让所有相信他的人失望后，心满意足地死去。

*

言说弥补了治疗的不足，治愈了我们大多数人的不适。健谈的人不会跑去药店。

*

令人惊诧地缺乏必要性的事物：生活，即兴创作，关于物质的幻想，昙花一现的化学反应……

*

爱唯一且最大的独创性就是模糊了幸与不幸。

*

信，要写的信。比如这封……但我无法落笔：我突然觉得自己没办法撒谎。

*

这个公园跟庄园一样，供一些稀奇古怪的慈善企业使用，放眼望去全是通过手术维持生命的老太太。从前，人们在自己家中咽下最后一口气，保有孤独和被遗忘的尊严；如今，人们将垂死之人堆在一起，填喂，尽可能拖延他们不体面的死亡。

*

我们的缺陷，刚走一个就来一个取而代之。这就是平衡的代价。

*

词语在我看来已经变得如此外在，以至于和它们打交道都需要一定程度的英勇。我们彼此已经无话可说,如果说我还在遣词造句,那也是为了宣告它们无效,同时默默地为近在咫尺的断裂而感到悲哀。

*

在卢森堡,一位四十多岁的女士,几乎算得上优雅,但神色相当怪异,她在用一种激动甚至亢奋的语气和我们看不见的人说话……我走上前,发现她胸前抱着一只狨猴。后来她坐到长凳上,以同样的热情继续她的独白。走过她时我听见的第一句话是:“你知道,我受够了。”走开时我不确定到底该可怜谁:是她呢,还是她的那位知己。

*

人类终会消失,至今我仍然如此坚信。现在我改主意了:人类必须消失。

*

对于有关人类的一切，厌恶与怜悯是相容的；我甚至会说，这些反应是相互依存的，但并不同时发生。一个人只有懂得前者才能强烈地体验到后者。

*

刚才，感觉自己像是终极版本的“完整”。全世界围着我转。完全没有失衡的迹象，这只是远远超出了感受允许的范围。

*

一时惊醒，我心想意义一词是否有意义，然后惊讶于无法再次入眠！

*

痛苦之所以为痛苦，是因为从不羞于重复自身。

*

一位年迈的朋友告知我他决定自杀，我回复说他不应该太着急，游戏的结局并非完全没有吸引力，而且人甚至可以与不可容忍之物达成和解，只要你千万别忘了一切都是虚张声势而已，一种生成了痛苦的虚张声势……

*

两个世纪以来，路易十六落下了愚蠢的骂名，因为在标志着他走向绝境的那天，他没有留下任何记录。按这个说法，我们所有人都是蠢货：我们中有谁能够拍着胸脯保证能清楚地辨认出自己溃败的开端？

*

他工作、生产，他将自己投入到巨大的普遍性之中，惊叹于自己的多产。幸好，他对差异的噩梦一无所知。

*

存在是一种如此明显的偏差，以至于它获得了这样的诱惑力：一种梦寐以求的残疾。

*

在自己身上重新发现那些让人羞耻的低级本能。如果说在费尽心力想要摆脱这些本能的人身上，它们仍如此活跃，那么在那些由于缺乏最基本的清醒而完全不会自省，更不会自我厌恶的人身上，它们该有多致命啊！

*

在顶峰或者低谷时，想想我们是怎样被孕育的。最有效的战胜自满或怨怼的方法。

*

只有植物接近“智慧”；动物则不适用。至于人类……大自然应该停留在植物界，而非追求特立独行，从而贬损了自己。

*

小的、老的和其他所有人，全都面目可憎，都得靠花言巧语捧着，这让他们更加面目可憎。

*

“天堂不欢迎任何人……世界消失后天堂才开放。”（德尔图良）

令人震惊的是，在这样的警告发出后，人类仍然奔波忙碌。多么冥顽不灵才结出了历史这颗果实啊！

*

多罗特娅·冯·罗德－施勒策[1]随丈夫吕贝克市

[1] 多罗特娅·冯·罗德－施勒策（Dorothea von Rodde-Schlözer, 1770—1825），德国哲学家，第一位获哲学博士学位的德国女性。

长出席了拿破仑在巴黎的加冕礼，她写道："世上狂人如此之多，法国尤甚，这个科西嘉岛的神棍魔笛一吹便令人如提线木偶般乱舞，这对他来说就是一场游戏。他们都追随这个能蛊惑一切鼠辈的人，没有人问他要带领他们去哪里。"

扩张的年代是癫狂的年代；相比之下，衰落和撤退的年代是理智的，甚至过于理智了，所以几乎和其他的时代同样糟糕。

*

观念可以有，信念就算了。这就是知识分子优越感的起点。

*

一个人自卫的本能越动摇，我们就越是对他着迷，更不用说当他失去这一本能的时候了。

*

卢克莱修[1]：我们对他的生活没有任何确切的了解。确切？连模糊也算不上。

多么令人羡慕的命运。

*

没有什么能比得上睡醒时出现的抑郁。它带人回到数十亿年前最初的迹象，回到存在的前兆，事实上也回到抑郁的起源。

*

“你不需要被钉在十字架上，因为你就是为了殉难而生的。”（1963 年 12 月 11 日）

如果可以让我回想起当时引发如此自负的绝望的

[1] 卢克莱修（Lucretius，前 99—前 55），罗马共和国晚期诗人、哲学家，以哲理长诗《物性论》闻名于世，但关于其生平，历史学家所知甚少。

东西，我有什么不能做的！

*

我们都记得帕斯卡在《致外省人信札》中猛烈抨击诡辩家埃斯科瓦尔[1]，而据一位在半岛上拜访埃斯科瓦尔的法国旅行者说，埃斯科瓦尔对这些攻击一无所知。况且，那时帕斯卡在自己的国家没有什么名气。

误会和非现实，在哪里都看得到。

*

那么多对我们同样感兴趣的敌人和朋友，一个个都消失了。真是松了一口气！终于自在了，不再顾忌他们的审查和失望了。

---

[1] 安东尼奥·埃斯科瓦尔－门多萨（Antonio Escobar y Mendoza，1589—1669），西班牙耶稣会士，道德神学家，因支持决疑论而受帕斯卡批评。

*

对任何事情，包括死亡，做出决绝的判断，是唯一不作弊的方法。

*

依阿僧伽及其学派所说，善战胜恶无非幻胜过幻；同理，通过开悟终结轮回就“譬如强幻王，令余幻王退”[1]（《大乘庄严经论》）。

这些印度人大胆地赋予幻觉如此崇高的地位，以此代替自我和人世，并将其转化为至高无上的理据。了不起的转化，终极的阶段，且没有出路。怎么办呢？既然所有的极端，哪怕是解放的极端，都是绝路，那么如何走出这一困境，以把握住可能呢？也许我们应该少些争辩，赋予事物以现实的阴影，限制洞见的霸权，敢于坚持一切看似存在的东西都以自己的方式存在着，然后，疲于胡言乱语，换个话题……

[1] 《大乘庄严经论》（Mahâyânasutralâmkâra）第四卷。

CETTE NÉFASTE CLAIRVOYANCE

这致命的洞见

每一事件无非又一个不祥的预兆。时不时地也有例外，编年史家将其放大，以制造意想不到的幻觉。

*

嫉妒是普遍存在的，最好的证据就是：在精神错乱之人清醒的片刻，它也会爆发出来。

*

反常的一切都诱惑着我们，首当其冲的就是生命——一种卓越的反常。

*

站着的时候，人不需要大惊小怪就可以承认：一分一秒过去便永不再；躺着的时候，这个显而易见的事实又如此让人难以接受，以至于人会希望自己再也不要起身。

*

永恒回归和进步：全都胡扯。还剩下什么？屈从于未来、不是惊喜的惊喜，以及表现得像是不寻常之事的灾难。

*

如果一开始就除掉那些只有在台上才能呼吸的人的话！

*

本质上充满激情，选择上动摇不定。走哪条路？站在谁那一边？听从哪个自己？

*

美德与恶习必须根深蒂固，才能持续显露在表面上，才能确保那种进取的姿态——人需要这种姿态，以抵制沉没或啜泣的诱惑。

*

“您经常谈论上帝。这个词我可再没用过。”一位以前当过修女的人写信告诉我。

并非所有人都有这份幸运，能被这样恶心到！

*

无知己夜话，自己便是知己，几个世纪甚至几千年以来都是如此。

*

讽刺，这种微妙的、有点邪恶的无礼，是一种懂得分寸的艺术。最轻微的探查都会破坏它。如果你执意试一试，就有风险跟着它一起沉沦。

*

每天都会带给我们新的消失的理由，这可真是妙极了。

*

既然我们只记得羞辱和失败，那其余的一切有什么用呢?

*

质疑任何事物的实质只会让你贻笑大方。过去我总是用这句话来应对关键的问题或者无解的问题。

*

翻开这本史前史指南，我无意中找到了我们先祖的标本——意料之内的阴森可怖。毫无疑问，这就是他们的本来面目。我感到恶心并且羞耻，旋即合上书页，并意识到每当我需要探究人类之可憎与可鄙的起源时，必然会再次翻开这本书。

*

反生命隐藏的生命力——这出化学反应的喜剧并

没有让我们发笑，而是啃咬我们，让我们发狂。

*

吞噬自己的需求宽免了信仰的需求。

*

如果愤怒是上天的属性，那么我早就超越了我凡人的身份。

*

如果每个人表现得像是最后一个活着的人，存在便得到了辩解。

*

依纳爵·德·罗耀拉[1]被他说不出所以然的疑虑

[1] 依纳爵·德·罗耀拉（Ignatius de Loyola，1491—1556），西班牙贵族，1540年创立耶稣会，成为天主教扩张势力的重要建制。

所折磨，他说他曾想过自毁。连他都这么想！这种诱惑显然比我们想象的更广泛、更根深蒂固。事实上，这种诱惑是人之为人的荣誉，终将成为人类的义务。

*

只有那些自我欺骗、不问行为背后隐秘动机的人才会去创作。一旦创造者对自我透明，就不会再有所创造。认识自我会让魔鬼感到不快。这就是苏格拉底什么都没写的原因。

*

我们鄙视的人也能够伤害我们，这打击了人的自尊心。

*

有一本从英文翻译过来的作品，翻译得相当令人钦佩，但有一处瑕疵："怀疑主义的深渊"。这句译文存疑，因为法语中"怀疑主义"（scepticisme）这个词带有一点业余，甚至轻浮的意思，和深渊的概念无关。

*

爱好公式和喜欢定义一样，都和现实没有什么关系。

*

一切可以分类的东西都会消亡。只有那些可以有多重解读的东西才能存续。

*

面对白纸一张，前景是怎样的滑铁卢啊！

*

当你和某人交谈时，无论对方成就多高，任何时候都不要忘记：他最深层的反应无异于常人。谨慎起见，对待他必须把握好分寸，因为和所有人一样，他没办法接受坦诚，坦诚几乎是所有不睦和怨恨的直接原因。

*

与失败所有的形式，包括成功，擦肩而过。

*

找不到莎士比亚留下的任何书信。他从未写信吗？真希望能听听哈姆雷特抱怨来信太多。

*

诽谤最大的美德在于：你手指头都不用动一动，就在你周遭制造了空白。

*

无论是热闹还是寡欢，只要是人群都让人感到绝望的恶心。

*

一直以来，一切都在恶化。一旦这一诊断成立，再夸张的话就都可以说，甚至必须说出来了。

*

如果事件总是让我们不知所措，那就等着看吧，你会意识到是因为自己犯了天真的毛病。

*

对音乐的热爱本身就是一种承认。我们更了解一个陌生的音乐迷，而非我们每天接触的那些对音乐无动于衷之人。

*

在夜的尽头，无人，仅余分秒的世界。每分每秒看似与我们为伴，却消失不见——一次又一次的背叛。

*

区分事物表明了一种让人不安的干扰。谈论生命也只是谈论一部分：客观性、滞后的现象、惊人的症状——是妥协的诱饵。

*

一个人得像天使或傻子一样不合时宜，才会相信人类的远征会顺利进行。

*

新教徒的品格因为新的信仰而升华、强化。他知道这一点；但他不知道的是，他的缺点也成比例地增多。所以才有了空想和浮华。

*

“我的孩子们，盐来自水，盐遇水则化而无形。同样地，僧侣是女人所生，僧侣接近女人则不再为僧。”

这个若望·莫斯霍斯[1]，生活在7世纪，似乎比后来的斯特林堡或魏宁格更懂《创世记》中强调的危险。

*

每一段人生都是一部凋敝的历史。传记如果引人入胜，是因为英雄（懦夫也一样）逼着自己不断创新栽跟头的艺术。

*

对所有人都失望了，最后就不可避免会对自己失望；除非一开始就先对自己失望。

*

“从我观察人类以来，我所学到的只是更爱他

[1] 若望·莫斯霍斯（Jean Moschus，约550—619），拜占庭时期僧侣。

们。”拉瓦特尔[1]写道，他和尚福[2]是同代人。这样一句话，由一个生活在瑞士小镇的人说很正常，放在一个穿梭于各种沙龙的巴黎人身上，就显得有种上不了台面的天真。

*

因为没有像其他人一样误入歧途而遗憾，因为看得清真相而愤怒——这就是不止一位幡然醒悟之人的隐秘悲哀。

*

我怎么可能屈从于不是永恒的东西，哪怕只有一秒？——然而我正经历着，比如现在。

[1] 约翰·卡什帕·拉瓦特尔（Johann Kaspar Lavater，1741—1801），瑞士作家、哲学家。

[2] 尼古拉·尚福（Nicolas Chamfort，1741—1794），法国作家，以格言警句著称。

*

每个人都尽可能揪住自己的灾星不放。

*

年龄越大，就越发意识到：我们自以为挣脱了一切枷锁，事实上什么都挣脱不了。

*

身处一个溃烂的星球，千万不要制定计划，但我们就是执迷不悟，我们都知道，乐观主义是临终之人的常规操作。

*

冥想是一种由晦暗的混乱维系的觉醒状态，既是灾害也是降福。

*

他不愿过任由上帝摆布的生活。

*

原罪和轮回：二者都将命运等同于赎罪。不管是第一个人类犯的罪还是前世造的孽，都没什么区别。

*

最后一片叶飞舞而下。为了直面秋天，人需要服用大剂量的冷漠。

*

我们以为正朝着这个或那个目标前进，却忘了自己实际上只是在朝着“目标”本身前进，朝着逼退其他所有人的道路前进。

*

疼痛从来不是虚幻的，它是对普世的虚构的挑衅。何其有幸，它是唯一一种拥有内容，甚至拥有意义的感觉！

*

消沉（Despondency）——这个词包含了各种筋疲力尽的情绪，是我度过这些年的关键，标记了我所有的瞬间、我消极的勇气、对自己所有明天的否定。

*

人一旦不愿自我表露时便躲进音乐中，那是意志缺失症患者的庇护所。

*

固守存在的理由愈见崩塌，我们的后代会比我们更容易摆脱这种执念。

*

人一旦被某种确定性触动，就不再怀疑自我或他人。信心的形式有很多种，每一种都是行动的源泉，因此也是错误的源泉。

*

遇见一个真正的人，会让人惊讶到怀疑自己是不是被光刺得目眩。

*

统计这些安抚人心的书有什么用？多到数不胜数，但只有两三本算数。

*

你如果不想被活活气死，就放过你的记忆，不要到记忆里东翻西找。

*

遵循生命规律的一切，也即终将腐朽的一切，引发了我许多思考，它们彼此冲突，都快把我逼得精神错乱了。

*

无时无刻不生活在对焦灼等待的恐惧中，哪怕是见上帝……这无法摆脱的对无聊的担忧，它为生命设限，我从中看到了自己精神不满足的原因。

*

伊壁鸠鲁主义和斯多葛主义，该选哪一个？我在二者间跳来跳去，更多时候同时忠于这二者，我就是这样遵循古代（在教条主义横行前）奉行的各种准则的。

*

是惯性让我们避免了因过度的虚荣、劳作乃至才华而膨胀，在这种膨胀中倒下的不止一人。如果这都不算安慰，那么接下来这句话在任何情况下都会很动听：即便不失控过度，人也会死的。

*

在屋顶上大声喊出自己的疑虑，同时声称自己是怀疑论这一谨慎学派的成员。

*

那些自讨没趣的人，我们时代的窃贼，帮了我们大忙，偷走了我们全面认识自我能力的机会。

*

我们可以爱任何人，除了我们的同类，就因为他们像极了我们。

这一现象足以解释历史缘何如此。

*

我们大多的病症由来已久，可追溯至这个或那个祖先，他们的过度行为害了我们。我们替他们的放纵受罚：没必要再喝酒，他们已经替我们喝过了。这令我们如此惊讶的宿醉是为他们的享乐付出的代价。

*

戒烟前快活了三十年。现在，我看着旁人投身我旧时偶像的怀抱，没办法理解他们，我觉得他们就是群神经病、傻蛋。如果连我们克服了的“恶习”都会让我们觉得如此陌生，那么面对我们从未实践过的恶习，又怎能不维持禁忌呢?

*

要想骗过忧郁，必须不停地移动，只要一停下就会惊醒忧郁，更何况忧郁从未熟睡。

*

只有跟人有约时我才会燃起工作的欲望。赴约的当下总让我觉得错过了自我超越的机会。

*

“就算是我不在乎的东西，我也放不下。”曼恩公爵夫人总这么说。

轻浮到这种地步，就成了舍得的前奏。

*

全能的上帝如果清楚再小的行动对我而言也是沉重的负担，他一定会大发怜悯之心，将自己的位置让给我。

*

不知该去往何方，偏好非连续性的思考，一幅破碎的时代的景象。

*

我所知摧毁了我所欲求。

*

去了火葬场之后回家。关于永恒以及一切宏大的表达瞬间大打折扣。

*

无名的崇拜，然后扩张至世界的极限与大脑的耐力之外。

*

对死亡的思考奴役了那些受其困扰的人，只有在思考死亡之初才有解脱，然后便退化为一种执念，因而不再是思考。

*

世界是上帝的失手，accidens Dei——大阿尔伯特[1]的这句格言似乎是对的！

*

多亏了抑郁，我们才能生动地记起自己埋藏在记忆深处的卑鄙勾当。抑郁是我们的耻辱的发掘者。

*

我们的血管里流着猕猴的血。如果总这么想，最终什么都干不了。神学不再，形而上学不再——换句话说，胡说八道不再，傲慢不再，过度不再，什么都不再……

[1] 大阿尔伯特（Albertus Magnus，约1200—1280），中世纪欧洲重要的哲学家、神学家，多明我会神父，以知识丰富而著称。

*

依附于一个由他人创建的宗教，合理吗？

*

要为托尔斯泰的传教行为开脱的话，他有两个门徒从他的布道中各自得到了实际的成果：维特根斯坦和甘地。维特根斯坦捐出了自己的财产，而甘地无财产可捐。

*

世界从我们开始，也到我们结束。存在的只是我们的意识，意识就是一切，而这一切也与意识一同消散。死亡的时候，我们不会离开任何事物。那么，对于一个不是事件的事件，我们为何要如此大惊小怪？

*

总有一天，你只会模仿自己。

*

醒来后再想入睡，必须抛开所有思考，所有未成形的念头。因为成形的念头、明确的念头就是睡眠最大的敌人。

*

可怕的人物，这个不受认可的人能让所有事情和自己沾边。对他的讥讽无法抵消他不断给予自己的赞美，它们足以弥补旁人所没有给予他的赞美。幸运啊，这样的人确实少见，在得胜之后，还知道偶尔要靠边站。在任何情况下，他们都不会让自己耗在相互的攻讦中，而他们的虚荣也宽慰了我们，不会因为自己不赏识他们而觉得自己傲慢。

*

人之所以会时不时受到信仰的诱惑，是因为信仰提供了另一种羞辱：在上帝面前发现自己处于低等的位置，肯定比在同类面前要好。

*

安慰人得顺从对方痛苦的走向，而且要顺从到连受苦之人都觉得无法继续痛苦的程度。

*

这么多没有明显必要性的回忆涌现，它们的目的是什么？无非向我们揭示，随着年龄增长，我们会变得外在于我们自己的生活，这些遥远的"事件"不再与我们有任何关系，而总有一天此刻的生活也会如此。

*

神秘主义中的一切皆空，只是吸收那成为奇迹般存在的一切（也就是真正的一切）的预备阶段。这样的转变不会在我身上发生，我看不到神秘主义积极、阳光的那一面。

*

在写得明晰的要求与写得晦涩的诱惑之间，无法判断孰轻孰重。

*

转着圈地审视了那些本应让人嫉妒的人之后，发现自己仍然不愿和其他人交换命运。任何人都不会愿意的。但是，嫉妒是所有弱点中最古老又最崭新的——这又怎么解释呢?

*

很难不埋怨一个在发疯时辱骂过自己的朋友。即便你不断地告诉自己，当时他丧失了理智，但从你的反应来看，你还是认为，仅此一次，他暴露了一个深藏的秘密。

*

如果时间是一种遗产，一种资产，那么死亡将是最糟糕的掠夺形式。

*

不报仇并不能完全美化一个人，因为我们永远不知道这样的行为是基于高贵还是懦弱。

*

知识，或者泄密的罪行。

*

指望独处逍遥是徒劳。永远都有自我在侧!

*

没有意志，就没有冲突：意志缺乏症与悲剧绝缘。

然而，意志的缺乏可能比悲惨的命运更让人痛苦。

*

我们可以接受任何惨败,除了死亡——惨败本身。

*

当一个人做出卑鄙的事情后，他犹豫着不愿承认、承担责任，在无休止的琢磨中迷失自我——这只是又一种卑鄙的行为，却被羞愧与悔恨的杂技削弱了。

*

在破晓前想明白了：任何事但凡进入核心都没什么意义，于是松了一口气。

*

如果那所谓的上帝不是孤独最典型的象征，我根本不会注意到他。但是一直以来对怪物感兴趣的我又怎么可能错过怪物的对手——比所有怪物都孤独的上帝呢?

*

任何成功或多或少都是一个骗局。它只触及我们的表面，而再微不足道的失败也能触及我们内心最深处，在那里它不会让自己被我们遗忘。因此，在任何情况下，我们都可以指望失败相伴相随。

*

我在保持个体这一身份时累积了多少虚无！在如此沉重的不存在的负担之下,我竟奇迹般地没有碎裂!

*

如果没有那不治之症的气息，无聊会是最不可接受的瘟疫。

*

感觉自己不够格的意识压垮了我。任何理由都没办法驳倒或者削弱它。过去这样或那样的功绩提了也没有任何效果。“你只是一个配角。”一个异常清晰的声音反反复复对我说。最后，我抽离自身，带着必要的夸张说道：“这样对我，有点过分了。难道我真的是第一个与这颗星球、与这个宏观世界成为宿敌的人吗？”

*

死亡是为了证明人了解自己的利益所在。

*

脱离了其他所有人的那一刻，解放自己、背叛他们的那一刻——我们怀着怎样的喜悦迎接这一刻的不忠啊！

*

如果我们了解大脑的时间就好了！

*

除非彻头彻尾地改变——但这永远不会发生——任何人都不可能克服自己的自相矛盾。只有死亡可以帮上忙，这就是死亡的优势，也是它得分并超越生命的原因。

*

发明了致命的微笑。

*

几千年来，我们都是必死之人；如今，我们终于升级为临终之人。

*

想想看，我们本可以不经历我们所经历的一切！

*

在这张一尘不染的纸上，一只小飞虫在全速奔跑。“为什么这么着急？你要去哪儿，你在找什么？算了吧！”半夜里，我朝它喊。要是它泄了气，我一定会很高兴！培养一个门徒比想象中难啊。

*

与整体毫无共通之处，不知道自己凭借什么成了它的一部分。

*

“为什么都是些碎片？”这位年轻的哲学家责问我。“因为懒惰，因为轻浮，因为厌恶，不过也有别的原因——”因为我找不到什么理由，所以絮絮叨叨地解释——以在他看来严肃的方式——最终说服了他。

*

法语：用于巧妙地翻译暧昧情绪的理想文风。

*

在一种借来的语言中，我们会意识到这些词语不在我们之内，而在我们之外。我们与我们的表达因而隔了一层距离，这也解释了为什么很难，甚至不可能借由一门外语成为一个诗人。如何从不扎根于自身的词语中汲取其精华呢？新来的人居于语言的表面，他无法用一种后来习得的语言译出深埋于地底的苦闷，而诗歌就是从这种苦闷中产生的。

*

被对天堂的怀念吞噬，从来不曾迸发过真正的信仰。

*

躺在坟里的巴赫。我和其他许多人一样，通过掘墓人或者记者的那些惯常的泄密行径看到了他的遗骸。从那时起，我一直在想着他的眼眶，没什么独特的，只是宣告了他曾否定的虚无。

*

只要还有一个神站着，人类的使命就远没有达成。

*

由无法解决的问题构成的王国显然正在扩张。而人们对此所感受到的满足感则有所保留。还有什么能更好地证明我们从一开始就被希望蒙蔽了双眼呢？

*

毕竟，我没有浪费我的时间，我也像其他人一样，在这个动荡的宇宙中摇晃。

Jacques Sassier © Editions Gallimard

生活没有任何意义

这就是活着的理由

而且是唯一的理由